마법
술술한자

새로운 뜻과 새로운 모양의 획기적인 부수 200!

- 한자를 쉽게 풀이하는 부수의 새로운 뜻과 새로운 음

  旦(아침 단) = 日(해 일) + 一(땅 일)   해(日)가 땅(一) 위로 떠오르는 아침

- 지금껏 알지 못했던 새로운 모양의 부수

  生(살 생) = 𠂉(사람 인) + 土(땅 토)   사람(𠂉)은 땅(土)에서 사니

지은이 **박두수**

• 한학자 집안에서 태어나 어려서부터 부친께 한문을 배우기 시작하여 가업을 잇는다는 정신으로 대학에서 한문을 전공하였습니다.

• 한자 때문에 힘들어서 울고 있는 어린 여학생을 보고, 저자도 어린 시절 부친께 한문을 배우면서 괴롭고 힘들었던 기억이 생각나 어떻게 하면 어려운 한자를 쉽게 가르칠 수 있을까 연구하였습니다.

• 오랜 시간 한자를 연구하여 새로운 뜻과 새로운 모양의 부수를 완성한 후 한자의 자원을 쉽게 풀이하고, 부수를 통해서 한자를 중국어 간화자로 변환시킬 수 있는 중국어 학습법을 개발하여 뜨거운 호응을 얻고 있습니다.

• 저자가 연구하여 완성한 새로운 뜻과 새로운 모양의 부수를 통해서 쉽게 배우는 한자와 중국어 간화자 학습법을 알리기 위하여 일간신문에 '박두수의 술술한자' 를 연재하고 있습니다.

• 저서로는 새로운 뜻과 새로운 모양의 부수를 제시하여 전국 판매량 1위를 기록한 한자능력검정시험 수험서 《마법 술술한자》(전9권), 초등학교 교과서를 분석하여 초등학생의 눈높이에 맞는 한자 공부법을 제시한 《초등 학습 한자》(전6권), 한국어문회에서 실시하는 《한자능시 기출 · 적중 문제집 3급》, 대한상공회의소에서 실시하는 《상공회의소 한자시험 중급》 등이 있습니다.

이메일 : dshanja@naver.com
휴대폰 : 010-5052-5321

부수도 모르고 한자를 공부한다굽쇼?

• 한자는 부수를 결합해서 만든 글자이기에 국어의 자음과 모음처럼, 또 영어의 알파벳처럼 부수부터 공부해야 쉽게 익힐 수 있습니다.

• 그러나 지금의 부수는 글자 수도 너무 많고, 뜻과 음도 엉망이어서 한자의 자원을 제대로 풀이할 수 없습니다.

• 그래서 잘 쓰이지 않는 부수는 제외하고, 모양이 비슷한 부수는 통합하여 214자의 부수를 200자로 정리하였습니다. 또한 뜻과 음도 새롭게 정리하고, 새로운 모양의 부수도 완성하였습니다.

한자 공부의 길잡이

새 뜻과 새 모양 | 부수

마법
술술한자

박두수 지음

술술한자 시리즈 ①

마법
술술한자 **부수**를 알면 한자가 쉽다!

J 중앙에듀북스

안녕하세요? 박두수입니다.

❗ 한자는 왜 공부해야만 할까요?

- 한자는 세계 인구의 26%가 사용하는 동양권의 대표문자입니다.
- 우리말의 70% 이상을 차지하고 있는 것이 한자어입니다.

❗ 한자를 잘하면 왜 공부를 잘하게 될까요?

- 한자는 풍부한 언어 문자 생활과 다른 과목의 학습을 도와주는 역할을 합니다.
- 중학교 1학년 기본 10개 교과목에 2,122자의 한자와 약 14만 번의 한자어가 나옵니다.
- 한자 표기를 통한 학습을 통해서 43%가 학업 성적이 향상되었습니다.

❗ 쓰기 및 암기 위주의 한자 학습, 이제 바뀌어야 합니다.

한자는 만들어진 원리를 생각하며 학습하면 쉽게 익힐 수 있습니다.

예	休(쉴 휴) = 亻(사람 인) + 木(나무 목) 사람(亻)이 햇빛을 피해 나무(木) 밑에서 쉰다는 뜻입니다.

"선생님! 해도 해도 안 돼요. 한자가 너무 어려워요."

이렇게 말하면서 울먹이던 어린 여학생의 안타까운 눈망울을 바라보며 '어떻게 하면 한자를 쉽게 익힐 수 있을까?' 오랜 시간 기도하며 연구하였습니다.

부디 《마법 술술한자》가 한자와 친해지는 계기가 되고, 여러분의 한자 공부에 많은 도움이 되기를 진심으로 기도합니다.

오랫동안 한자를 가르쳐 주신 아버지 박영 훈장님과 주야로 기도해 주신 어머니 송숙희 권사님, 그리고 《마법 술술한자》가 출간될 수 있도록 도움을 주신 모든 분들께 진심으로 사랑과 감사의 뜻을 전합니다.

박두수 올림

부수도 모르고 한자를 공부한다구요?

1. 처음 한글을 어떻게 배우는지 생각해 보세요.

   한글은 먼저 자음과 모음을 배우고 자음과 모음을 결합해서 글자를 배웁니다. 한글은 자음과 모음이 기본입니다.

2. 또 영어는 처음에 무엇부터 배우는지 생각해 보세요.

   영어는 먼저 알파벳을 배우고 알파벳을 결합해서 단어를 배웁니다. 영어는 알파벳이 기본입니다.

3. 그런데 한자는 부수도 모르고 배운다구요?

   한자는 부수가 기본입니다. 한자는 부수를 결합하여 만든 글자입니다.

4. 다음의 한자를 익혀 보세요.

   間(사이 간), 問(물을 문), 聞(들을 문), 閉(닫을 폐), 開(열 개), 閑(한가할 한), 閣(집 각), 關(빗장 관) 어때요? 잘 외워지지도 않고 또 외웠다 하더라도 모양이 비슷해서 많이 헷갈리지요? 그래서 한자는 무조건 외우는 것이 아닙니다.

5. 그럼 한자는 어떻게 공부해야 할까요?

   한자는 무조건 쓰면서 외우는 것이 아닙니다. 한자는 만들어진 원리가 있습니다. 한자는 부수를 결합해서 만든 글자입니다. 그러니 한글의 자음과 모음처럼, 또 영어의 알파벳처럼 한자는 부수부터 공부해야 합니다.

6. 이제는 부수를 이용해서 이렇게 공부해 볼까요?

   間(사이 간) = 門(문 문) + 日(해 일)   문(門) 사이로 햇빛(日)이 들어오니

   問(물을 문) = 門(문 문) + 口(입 구)   문(門)에 대고 입(口) 벌려 물으니

   聞(들을 문) = 門(문 문) + 耳(귀 이)   문(門)에 귀(耳)를 대고 들으니

   閉(닫을 폐) = 門(문 문) + 才(재주 재)   고장 난 문(門)을 재주껏(才) 닫으니

한자 쉽게 익히는 법

❗ **한자는 무조건 쓰고 외우지 마세요.**

1. 한자는 뜻을 나타내는 표의자입니다. 각 글자마다 형성된 원리가 있습니다.

> **예** 鳴(울 명) : 입(口)으로 새(鳥)는 울까요? 짖을까요? 울지요! 그래서 울 명
> 吠(짖을 폐) : 입(口)으로 개(犬)는 울까요? 짖을까요? 짖지요! 그래서 짖을 폐

2. 한자는 모양이 비슷한 글자가 너무나 많아 무조건 쓰고 외우는 데는 한계가 있습니다.

> **예** 閣(집 각) 間(사이 간) 開(열 개) 聞(들을 문) 問(물을 문) 閉(닫을 폐) 閑(한가할 한)

❗ **그럼 어떻게 공부해야 한자를 쉽게 익힐 수 있을까요?**

1. 먼저 한자를 나누어 왜 이런 글자들이 모여서 이런 뜻을 나타내게 되었는지 생각해 보세요.

> **예** 休(쉴 휴) = 亻(사람 인) + 木(나무 목)
> 왜? 亻(사람)과 木(나무)가 모여서 休(쉴 휴)가 되었을까요?
> 사람(亻)이 햇빛을 피해 나무(木) 밑에서 쉬었겠지요? 그래서 쉴 휴

2. 한자를 익힌 다음은 그 글자가 쓰인 단어와 뜻까지 익히세요.

> **예** 休日(휴일) : 쉬는 날
> 休學(휴학) : 일정기간 학업을 쉼

3. 그 다음 단어가 쓰인 예문을 통해서 한자어를 익히세요.

> **예** 그는 休日 아침마다 늦잠을 잔다.
> 형은 가정 형편이 어려워 休學 중이다.

4. 비슷한 글자끼리 연관 지어 익히세요.

> **예**
>
> | 門 | + | 日 | = | 間(사이 간) | 문(門)틈 사이로 해(日)가 비치니 |
> |---|---|---|---|---|---|
> | | + | 耳 | = | 聞(들을 문) | 문(門)에 귀(耳)를 대고 들으니 |
> | | + | 口 | = | 問(물을 문) | 문(門)에 대고 입(口) 벌려 물으니 |

왜 술술한자 부수일 수밖에 없는가?

1. 기존 214자의 부수를 200자로 새로 정리하였습니다.

모양이 비슷한 부수는 통합하고, 잘 쓰이지 않는 부수는 제외하였습니다.

2. 부수의 뜻과 음을 새로 정리하였습니다.

● 一은 그동안 하나라는 뜻으로만 알고 있었습니다. 그러나 이 책에서는 一(한 일, 하늘 일, 땅 일)이 라는 뜻으로 새로 정리하였습니다.

一 (한 일) + 二 (둘 이) = 三 (석 삼)　　하나(一) 더하기 둘(二)은? 셋

一 (하늘 일) + 人 (사람 인) = 大 (큰 위대할 대)　　하늘(一)과 통하는 사람(人)은 지위가 크고 위대하다는 뜻입니다.

日 (해 일) + 一 (땅 일) = 旦 (아침 단)　　해(日)가 땅(一) 위로 떠오를 때는 아침이니

● 二도 그동안 둘이라는 뜻으로만 알고 있었습니다. 그러나 이 책에서는 二(둘 이, 하늘땅 이)라는 뜻 으로 새로 정리하였습니다.

二 (하늘땅 이) + 儿 (걷는 사람 인) = 元 (으뜸 원)　　하늘땅(二)의 많은 생물 중에서 걷는 사람(儿)이 으뜸이니

3. 새로운 모양의 부수를 발견하여 정리하였습니다.

이 책에서는 그동안 우리가 몰랐던 부수를 새로 발견하여 정리하였습니다.

丿 (사람 인) + 土 (땅 토) = 生 (날 살 생)　　사람(丿)은 땅(土)에서 태어나 살아간다는 뜻입니다.

牛 (소 우) + 口 (입 구) = 告 (고할 알릴 고)　　신에게 소(牛)를 제물로 바치고 입(口)으로 소원을 고하여 알린다는 뜻입니다.

한자의 이해

1. 한자는 어떻게 만들어졌을까요?

한자는 지금으로부터 약 5,000년 전 고대 중국의 전설상의 제왕인 황제(黃帝) 때 사관인 창힐(蒼頡)이 새와 짐승의 발자국을 보고 만들었다고 전해지고 있으나, 사실 한 사람에 의해 만들어졌다기보다 오랜 세월을 거치면서 많은 사람들에 의해 만들어지고 다듬어져 오늘날과 같은 모습을 갖추게 된 것입니다. 가장 오래된 한자의 형태는 약 3,500년 전 황하 유역에서 발달한 은나라 때 만들어진 갑골문자(甲骨文字)입니다.

2. 한자는 총 몇 자나 될까요?

정확한 수는 알 수 없고 가장 최근 중국에서 나온《한어대자전(漢語大字典)》에는 54,665자가 수록되어 있습니다. 한편, 국제표준기구는 국제적인 표준을 제정하기 위하여 7만여 한자를 수집했다고 합니다.

3. 한자의 3요소

한자는 하나하나의 글자가 일정한 뜻을 나타내는 문자이기 때문에 각 글자마다 모양[형(形)], 소리[음(音)], 뜻[의(義)]의 세 요소를 갖추고 있습니다.

모양(形)	소리(音)	뜻(義)
人	인	사람
水	수	물
木	목	나무

4. 한자를 배울 때 꼭 알아야 할 용어

- 획 : 한자를 쓸 때, 붓을 종이에 한 번 대었다가 떼는 동안에 이루어진 점이나 선을 '획'이라고 합니다.
- 획수 : 한 글자가 지니고 있는 획의 총 수를 뜻하는데 '총획'이라고도 합니다.
- 필순 : 한자를 쓸 때 획을 긋는 순서를 '필순'이라고 합니다.

5. 한자와 한자어

- 한자 : 낱글자를 뜻합니다.
- 한자어 : 하나 또는 둘 이상의 한자로 이루어진 낱말을 뜻합니다.

❶ 한 글자가 그대로 한자어로 쓰이는 경우
예 人(인)   水(수)   木(목)

❷ 둘 이상의 한자가 모여서 한자어를 이루는 경우
예 學校(학교)   先生(선생)   教室(교실)

한자의 짜임 - 육서(六書)

글자가 없었던 옛날에는 산에 대해 이야기 하고 싶으면 산의 모양을 그려서 보여주었습니다. 그리고 그림으로 나타낼 수 없는 생각이나 개념들은 서로 알아볼 수 있는 점이나 선을 이용해 기호를 만들어 표현하였습니다. 시간이 지나면서 이러한 그림이나 기호들은 일정한 체계를 갖춘 문자로 발전하였습니다. 하지만 세월이 흐르자 이전까지의 문자만으로는 자신의 생각을 다 표현하기 어려웠습니다. 그래서 이미 쓰이고 있는 글자를 합하여 새로운 뜻의 글자를 만들어 쓰게 되었습니다.

1. 상형(象形)
눈에 보이는 구체적인 사물의 모양을 있는 그대로 본떠서 만든 글자를 상형이라고 합니다.

2. 지사(指事)
눈에 안 보이는 구체적인 모양이 없는 생각을 점, 또는 선으로 나타낸 글자를 지사라고 합니다.

❶ 선(一)으로 나타낸 지사
　一 : 선 하나를 옆으로 그어 '하나'를 나타냅니다.　　　三 : 선 세 개를 그어 '셋'을 나타냅니다.

❷ 점(·)과 선(一)으로 나타낸 지사
　上 : 선 위에 점을 찍어 '위'를 나타냅니다.　　　下 : 선 아래에 점을 찍어 '아래'를 나타냅니다.

3. 회의(會意)
이미 만들어진 둘 이상의 한자의 뜻을 합하여 새로운 뜻을 나타낸 글자를 회의라고 합니다.

결 합 글 자		새 로 운 글 자	풀　　이
뜻　+　뜻			
日	月	明	해(日)와 달(月)이 비추면 '밝다'라는 뜻입니다.
해 일	달 월	밝을 명	
亻	木	休	사람(亻)이 나무(木)에 기대어 '쉬다'라는 뜻입니다.
사람 인	나무 목	쉴 휴	

4. 형성(形聲)

이미 만들어진 둘 이상의 한자를 일부는 뜻의 역할로, 일부는 음의 역할로 결합하여 만들어진 글자를 형성이라고 합니다.

결 합 글 자		새 로 운 글 자	풀 이
뜻 + 음			
氵	羊	洋	물(氵)은 뜻 부분이고, 양(羊)은 음 부분입니다.
물 수	양 양	큰바다 양	
言	己	記	말씀(言)은 뜻 부분이고, 기(己)는 음 부분입니다.
말씀 언	몸 기	기록할 기	

5. 전주(轉注)

이미 있는 글자 본래의 의미가 확대되어 전혀 다른 뜻과 음으로 나타낸 글자를 전주라 합니다.

한 자	본 래 의 의 미		새 로 운 의 미	
	뜻	음	뜻	음
樂	풍류	악	즐길	락
			좋아할	요
惡	악할	악	미워할	오
更	고칠	경	다시	갱

6. 가차(假借)

이미 있는 글자를 본래의 뜻과는 상관없이 비슷한 음의 글자로 임시로 빌려 쓰는 글자를 가차라 합니다.

외 국 어	소 리 글 자	뜻 글 자
	한 글	한 자
Asia	아시아	아세아(亞細亞)
America	아메리카	미국(美國)
Dollar	달러	불(弗)
India	인디아	인도(印度)

부수에 대하여

1. 부수가 뭐예요?

- 모르는 한자가 나올 때는 어떻게 해야 할까요? 한자사전인 '자전(字典)' 을 찾아야 되겠지요?
- 부수란 자전에서 한자를 찾는 데 필요한 길잡이 역할을 하는 글자로 약 200여 개가 주로 활용되고 있습니다.
- 자전에는 한자가 부수별로 정리되어 있어서 부수를 알고 있으면 한자를 쉽게 찾을 수 있습니다.
- 같은 부수에 속한 글자는 기본적으로 유사한 의미를 담고 있습니다.

2. 부수의 유래

- 부수의 발생은 뜻글자인 한자의 특성으로 인해 기하급수적으로 늘어나는 문자를 체계적으로 분류하고 정리할 필요성에서 생긴 것입니다.
- 부수 개념을 창안한 사람은 중국 한나라 때의 문자 학자였던 허신입니다.
- 허신이 세계 최초의 자전인 《설문해자(說文解字)》를 만들었는데 계통별로 540개의 부수를 분류해 당시 한자 9,353자를 체계적으로 정리하였습니다.
- 그 후 18세기 초엽 청나라 《강희자전(康熙字典)》에서 부수 가운데 중복된 것을 정리하여 214개로 분류하여 지금까지 쓰고 있습니다.

3. 왜 부수를 공부해야 할까요?

국어를 공부하려면 먼저 자음과 모음을 알아야 하고, 영어를 공부하려면 먼저 알파벳을 알아야 합니다. 이렇듯 한자를 공부하기 위해서는 먼저 부수를 알아야 합니다. 왜냐하면 한자는 부수와 몸이 합해져서 만들어진 글자이기 때문입니다.

夕 ─ 제부수

4. 부수와 몸

각 글자에서 부수를 뺀 나머지 부분을 '몸' 이라고 합니다. 대부분의 한자는 부수와 몸으로 이루어집니다.

5. 한자의 부수

부수는 한자의 뜻과 밀접한 관계를 가지고 있어서 한자의 부수를 알면 그 뜻을 짐작할 수 있습니다.
예를 들어 '雨' 가 부수인 한자의 뜻은 기상과 관계가 있습니다.

예 露(이슬 로)　　霧(안개 무)　　霜(서리 상)　　雪(눈 설)　　電(번개 전)

부수의 위치와 명칭

1. 변 : 부수가 글자의 왼쪽에 있는 경우

변	

예 江, 技, 往, 休

2. 방 : 부수가 글자의 오른쪽에 있는 경우

	방

예 刊, 故, 郡, 頭

3. 머리 : 부수가 글자의 위에 있는 경우

머리

예 家, 交, 節, 草

4. 발 : 부수가 글자의 아래에 있는 경우

발

예 無, 先, 元, 恩

5. 엄 : 부수가 글자의 위와 왼쪽에 걸쳐 있는 경우

엄	

예 床, 序, 屋, 庭

6. 받침 : 부수가 글자의 왼쪽과 아래에 걸쳐 있는 경우

받침	

예 近, 道, 遠, 造

7. 몸 : 부수가 글자를 에워싸고 있는 경우

몸

예 固, 品, 國, 聞

8. 제 부수 : 부수 자체가 글자인 경우

제부수

예 山, 水, 言, 火

1. 왼쪽에서 오른쪽으로 씁니다.

   丿 川 川   예 州, 外, 朴, 明

2. 위에서 아래로 씁니다.

   一 二 三   예 工, 穴, 各, 言

3. 가로획과 세로획이 교차될 때에는 가로획을 먼저 씁니다.

   一 十   예 寸, 土, 士, 古

4. 좌우 대칭을 이루는 글자는 가운데를 먼저 쓰고 좌우의 순서로 씁니다.

   亅 小 小   예 水, 永, 樂, 變

5. 바깥쪽과 안이 있을 때에는 바깥쪽을 먼저 씁니다.

   冂 國 國   예 日, 内, 同, 因

6. 삐침(丿)과 파임(㇏)이 만날 때에는 삐침(丿)을 먼저 씁니다.

   丿 人   예 入, 父, 夫, 合

7. 꿰뚫는 획은 맨 나중에 씁니다.

   丶 口 中   예 女, 子, 母, 車

8. 오른쪽 위의 점은 맨 나중에 씁니다.

   一 大 犬   예 代, 成, 武, 咸

9. 받침으로 쓰이는 글자는 다음 두 가지로 구분합니다.

   – 받침을 먼저 쓰는 경우(走, 是)

   土 走 起   日 是 題

   – 받침을 맨 나중에 쓰는 경우(辶, 廴)

   크 聿 建   亻 隹 進

자전 찾는 법

자전(字典)이란 한자를 부수와 획수에 따라 차례대로 배열하여 글자 하나하나의 뜻과 음을 우리말로 써 놓은 책으로, '옥편(玉篇)'이라고도 합니다.

1. 부수로 자전 찾기

❶ 찾으려는 글자의 부수를 확인합니다.
　　예 '村'의 부수는 '木'입니다.

❷ 찾으려는 글자의 부수의 획수를 셉니다.
　　예 '村'의 부수 '木'은 4획입니다.

❸ 자전 앞이나 뒤의 부수색인을 펼쳐 4획에서 '木'을 찾습니다.

❹ 부수색인에서 '木'을 찾았으면 옆의 숫자(예 911)을 확인하여 해당 쪽을 펼칩니다.

❺ 해당 쪽(예 911)을 펼치면 '木'을 부수로 하는 한자가 나옵니다.

❻ 부수를 뺀 나머지, 즉 몸의 획수를 셉니다.
　　예 '村'은 '木'부 3획입니다.

❼ 해당 획수 부분을 펴서 그 한자의 뜻과 음을 알아봅니다.
　　예 '木'부 3획에서 '村'을 찾아 그 뜻과 음을 확인합니다.

2. 글자의 음을 알고 있는 경우

찾고자 하는 글자의 음을 알고 있을 때에는 자전의 뒷부분에 '가, 나, 다……' 순으로 정리된 '자음색인'을 이용하여 찾으면 됩니다.
　　예 '村'자의 음은 '촌'이므로 자음색인의 '촌' 부분에서 '村'자를 찾습니다. '村'자에 해당하는 쪽수를 펼쳐 그 뜻과 음을 확인합니다.

3. 글자의 부수와 음을 모를 경우

찾고자 하는 글자의 부수도, 음도 알 수 없을 때에는 그 글자의 총 획수를 세어 자전의 뒷부분에 있는 '총획색인'을 이용하여 찾으면 됩니다.
　　예 '村'자의 총 획수는 7획이므로 총획색인의 '7획'에서 '村'자를 찾습니다. '村'자에 해당하는 쪽수를 펼쳐 그 뜻과 음을 확인합니다.

차례

술술한자
부 수 익 히 기

읽기 1	읽기 2	부수	뜻	음	쓰기 1	쓰기 2
		一	한 하늘 땅	일		
		丨	송곳 뚫을	곤		
		丶	점 불꽃	주		
		丿	끈 삐침	별		
		乙 (乚)(⺄)	새 구부릴	을		
		亅	갈고리	궐		
		二	둘 하늘땅	이		
		亠	머리	두		
		人 (亻)(𠆢)	사람	인		
		儿	걷는 사람	인		
		入	들	입		
		八 (丷)	수염 여덟 나눌	팔		
		冂	성	경		
		冖	덮을	멱		
		冫	얼음	빙		
		几	책상	궤		
		凵 (凵)	그릇 입 벌릴	감		
		刀 (刂)	칼	도		
		力	힘	력		
		勹 (勺)	쌀	포		

읽기 1	읽기 2	부수	뜻	음	쓰기 1	쓰기 2
		匕	구부릴 비수	비		
		匚 (匸)	상자 감출 숨을	방 혜		
		十	열 많을	십		
		卜	점칠	복		
		卩 (㔾)	무릎 꿇을	절		
		厂	바위	엄		
		厶	나 사사로울	사		
		又 (ナ)(又)	손 또	우		
		口	입 사람 어귀	구		
		囗	울타리	위		
		土	땅 흙	토		
		士	선비	사		
		夕	저녁	석		
		夂	천천히 걸을 뒤져 올	쇠 치		
		大	큰 위대할	대		
		女	여자	녀		
		子	아들	자		
		宀	집	면		
		寸	마디 규칙 촌수	촌		
		小	작을	소		

부수 -2 신습한자

읽기 1	읽기 2	부 수	뜻	음	쓰기 1	쓰기 2
		尢	절름발이	왕		
		尸	지붕	시		
		屮	싹 날	철		
		山	산	산		
		川 (巛)	내	천		
		工	만들 장인	공		
		己	몸	기		
		巾	헝겊 수건	건		
		干	방패	간		
		幺	작을 어릴	요		
		广	큰 집	엄		
		廴	끌	인		
		廾	스물 두 손 잡을	입공		
		弋	주살	익		
		弓	활	궁		
		크 (彐)	돼지	계		
		彡	터럭	삼		
		彳	걸을	척		
		心 (忄)(⺗)	심장 마음	심		
		戈	창	과		

읽기 1	읽기 2	부 수	뜻	음	쓰기 1	쓰기 2
		尸 (戶)	문 집	호		
		手 (扌)	손	수		
		支	가를	지		
		攴 (攵)	칠	복		
		文	글월	문		
		斗	말	두		
		斤	도끼	근		
		方	모 사방	방		
		无 (旡)	없을	무		
		日	해 날	일		
		曰	말할	왈		
		月	달	월		
		木	나무	목		
		欠	하품 입 벌릴	흠		
		止 (⻊)	발 그칠	지		
		歹	죽을 사	변		
		殳	창 몽둥이 칠	수		
		毋	말	무		
		比	나란할 견줄	비		
		毛	털	모		

신 습 한 자

읽기 1	2	부수	뜻	음	쓰기 1	2
		氏 (氏) (氐)	뿌리 성	씨		
		气	기운	기		
		水 (水) (氵)	물	수		
		火 (灬)	불	화		
		爪 (爫)	손톱	조		
		父	아비	부		
		爻	엇갈릴 사귈	효		
		爿 (丬)	장수 조각	장		
		片 (片)	조각	편		
		牙	어금니	아		
		牛 (牛) (牜)	소	우		
		犬 (犭)	개	견		
		玄	검을	현		
		玉 (王)	구슬	옥		
		瓜	오이	과		
		瓦	기와 질그릇	와		
		甘	달	감		
		生 (主)	날살	생		
		用	쓸	용		
		田	밭	전		

읽기 1	2	부수	뜻	음	쓰기 1	2
		疋 (正)	발	소		
		疒	병질	엄		
		癶	걸을	발		
		白	밝을 흰	백		
		皮	가죽	피		
		皿	그릇	명		
		目	눈	목		
		矛 (マ)	창	모		
		矢	화살	시		
		石	돌	석		
		示 (礻)	보일 신	시		
		禸	짐승	유		
		禾	벼	화		
		穴	구멍	혈		
		立	설	립		
		竹 (竹)	대	죽		
		米	쌀	미		
		糸 (糹)	실	사		
		缶	장군	부		
		网 (罒) (四)	그물 법망	망		

읽기? 뜻, 음을 가리고 읽어본 후 틀린 글자는 V표 하세요.
쓰기? 부수를 가리고 써본 후 틀린 글자는 V표 하세요.

읽기 1	읽기 2	부 수	뜻	음	쓰기 1	쓰기 2
		羊 (𦍌)	양	양		
		羽	깃	우		
		老 (耂)	늙을	로		
		而	수염 말 이을	이		
		耒	쟁기	뢰		
		耳	귀	이		
		聿 (聿)	붓	율		
		肉 (月)	고기 몸	육월		
		臣	신하	신		
		自	코 스스로	자		
		至	이를 지극할	지		
		臼 (𦥑)	절구	구		
		舌	혀	설		
		舛	어긋날	천		
		舟	배	주		
		艮	그칠	간		
		色	빛	색		
		艸 (艹)(艸)	풀	초		
		虍	범	호		
		虫	벌레	충		

읽기 1	읽기 2	부 수	뜻	음	쓰기 1	쓰기 2
		血	피	혈		
		行	다닐	행		
		衣 (衤)	옷	의		
		襾 (西)	덮을	아		
		見	볼	견		
		角	뿔	각		
		言	말씀	언		
		谷	골짜기	곡		
		豆	제기 콩	두		
		豕	돼지	시		
		豸	사나운 짐승	치		
		貝	조개 돈	패		
		赤	붉을	적		
		走	달릴	주		
		足 (𧾷)	발	족		
		身	몸	신		
		車 (車)	수레 차	거차		
		辛	고생 매울	신		
		辰	별	진		
		辵 (辶)	뛸	착		

읽기? 뜻, 음을 가리고 읽어본 후 틀린 글자는 V표 하세요.
쓰기? 부수를 가리고 써본 후 틀린 글자는 V표 하세요.

읽기 1	읽기 2	부수	뜻	음	쓰기 1	쓰기 2
		邑 (阝)	고을	읍		
		酉	닭 술	유		
		釆	분별할	변		
		里	마을 거리	리		
		金	쇠 금 성	금 김		
		長 (镸)	길 어른	장		
		門	문	문		
		阜 (自)(阝)	언덕	부		
		隶	미칠 잡을	이		
		隹	새	추		
		雨	비	우		
		靑	푸를 젊을	청		
		非	아닐	비		
		面	얼굴	면		
		革	가죽	혁		
		韋	가죽 위대할	위		
		音	소리	음		
		頁	머리 우두머리	혈		
		首	머리 우두머리	수		
		風	바람	풍		

읽기 1	읽기 2	부수	뜻	음	쓰기 1	쓰기 2
		飛	날	비		
		食 (飠)(食)	밥 먹을	식		
		香	향기	향		
		馬	말	마		
		骨	뼈	골		
		高 (髙)(高)	높을	고		
		髟	긴 터럭	표		
		鬥	싸움	투		
		鬲	솥	력		
		鬼	귀신	귀		
		魚	물고기	어		
		鳥	새	조		
		鹿 (鹿)	사슴	록		
		麻	삼	마		
		黃	누를	황		
		黑	검을	흑		
		鼻	코	비		
		齊	가지런할	제		
		齒	이	치		
		龍	용	룡		

1			
1획	一	＊막대기 **하나**를 옆으로 놓은 모양 ＊하늘과 땅이 맞닿은 지평선의 모양에서 **하늘**과 **땅**의 뜻을 나타냄 • 필순 : 왼쪽에서 오른쪽으로 쓰세요.	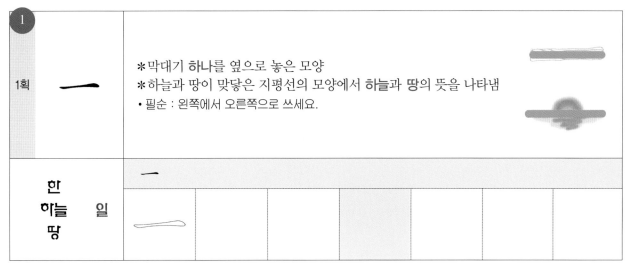

한 하늘 땅 일	一						
	⌒						

부수 결합하여 한자 만들기 •••

一 + 一 = 二
한 일   한 일   둘 이

하나(一) 더하기 하나(一)는? 둘

一 + 人 = 大
하늘 일   사람 인   큰
위대할 대

하늘(一)과 통하는 사람(人)은 지위가 크고 위대하니
(제사장을 말합니다. 옛날에는 제사장에 의해 다스려지는 시대였습니다.)

日 + 一 = 旦
해 일   땅 일   아침 단

해(日)가 땅(一) 위로 떠오를 때는 아침이니

2			
1획	｜	＊끝이 뾰족한 **송곳**의 모양 ＊송곳은 뚫을 때 사용하니 **뚫는다**는 뜻을 나타냄 • 위에서 밑으로 또 밑에서 위로 통함을 뜻하게 만든 글자 • 필순 : 위에서 아래로 쓰세요.	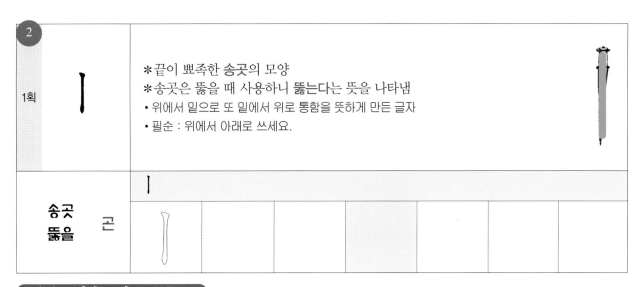

송곳 뚫을 곤	｜						

부수 결합하여 한자 만들기 •••

人 + ノ + ｜ = 介
사람 인   끈 별   송곳 곤   끼울 개

사람(人)이 끈(ノ)을 송곳(｜)에 끼우니
(바늘에 실을 꿰듯 송곳 구멍에 끈을 끼운다는 뜻입니다.)

口 + ｜ = 中
울타리 위   뚫을 곤   가운데
적중할 중

울타리(口) 가운데를 뚫고(｜) 적중하니

一思多得

一은 자전(한자사전)에 하나라는 뜻 외에도 많은 뜻이 있지만 하늘과 땅이라는 뜻은 없습니다.
그러나 본 _술술한자_ 부수는 지평선의 모양을 본떠 하늘과 땅이라는 뜻을 제시하였습니다.
근거를 제시하자면

1 大(큰 대, 위대할 대)

大는 사람이 팔다리를 벌리고 있는 모양에서 크고 위대하다. 라고 합니다.
그런데 저와 같은 작은 사람이 팔다리를 아무리 벌려봐야 큰 것 같지는 않습니다. 또 팔다리를 벌려
봐야 위대한 것 같지도 않습니다.

一 을 지평선의 모양을 본떠 하늘과 땅이라는 뜻을 인정한다면 쉽게 설명이 되지요.

고대사회는 신을 대변하는 제사장에 의해 다스려지는 국가 또는 정치체제 시대였습니다.

大는 一(하늘 일) + 人(사람 인)으로 구성되었습니다.
글자를 자세히 보면 一(하늘)과 人(사람)이 통했지요? 그래서 하늘(一)과 통하는 사람(人)은 지위가
크고 위대하다는 뜻입니다. 즉 제사장을 말하는 것이겠죠!

2 旦(아침 단)

旦은 日(해 일) + 一(땅 일)로 구성되었습니다.
해(日)가 땅(一) 위로 떠오를 때는 아침이라는 뜻입니다.

3 上(위 상) 下(아래 하)

上은 기준선(一)을 중심으로 위에 있으니 위 상
下는 기준선(一)을 중심으로 아래에 있으니 아래 하라고 설명을 합니다.
그렇다면 기준선(一)이 무엇이냐는 것이죠? 기준선(一)이 무엇이냐고 문의해보면 설명을 못합니다.

기준선(一) 은 하늘과 땅이 만나는 지평선입니다.

예로부터 인간은 하늘세계와 땅에 존재하는 인간세계를 관련지어 생각하고 생활하였습니다.
下(아래 하)는 하늘(一) 아래(인간세계)에서 일어날 일을 점치고(卜, 24번 2획 참고)
上(위 상)은 땅(一) 위(하늘세계)에서 일어날 일을 점친다(卜)는 뜻입니다.
그래서 下와 上을 결합하면 죠 이렇게 됩니다.

③		
1획	丶	*촛불의 점 같은 **불꽃**의 모양 • 점을 찍어 강조를 할 때 사용합니다. ⇒ 大(큰 대) < 太(클 태) 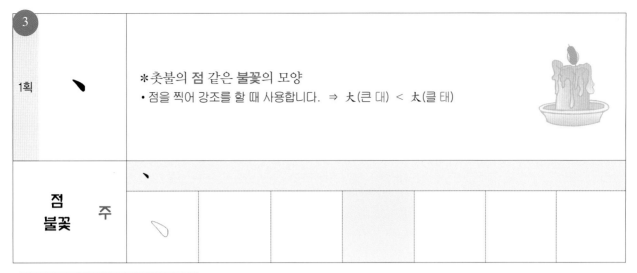

점 불꽃	주	丶						

부수 결합하여 한자 만들기 ··

丶	+	水	=	永
점 주		물 수		길 영

점(丶) 같은 물(水)방울이 모여 길게 흐르니
(한 점 한 점 점처럼 생긴 물방울이 모여 강을 이루어 길게 흐른다는 뜻입니다.)

冂	+	丶	+	一	=	丹
성 경		불꽃 주		한 일		붉을 단

성(冂) 안을 밝히는 불꽃(丶)이 하나(一)같이 붉으니

④		
1획	丿	*끈이 오른쪽 위에서 왼쪽 아래로 **삐친** 모양 • 삐치다 : ① 비스듬히 한쪽으로 기운 모양 　　　　　② 성이 나서 마음이 토라지거나 잘못되다. • 반대로 왼쪽 위에서 오른쪽 아래로 파인 것은 파임 불(乀)이라고 합니다. 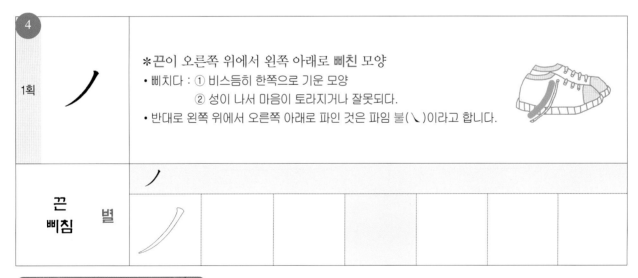

끈 삐침	별	丿						

부수 결합하여 한자 만들기 ··

人	+	丿	+	丨	=	介
사람 인		끈 별		송곳 곤		끼울 개

사람(人)이 끈(丿)을 송곳(丨)에 끼우니
(바늘에 실을 꿰듯 송곳 구멍에 끈을 끼운다는 뜻입니다.)

丿	+	一	+	乚	=	乇
비스듬할 별		한 일		구부릴 을		부탁할 탁

몸을 비스듬히(丿) 하나(一)같이 구부리고(乚) 부탁하니

丿	+	士	=	壬
잘못될 별		선비 사		간사할 임

마음이 잘못된(丿) 선비(士)는 간사하니

5		
1획	乙 (乚)(乛)	*새가 목을 **구부리고** 있는 모양 • 영어 알파벳 'Z', 'L'로 기억하세요. 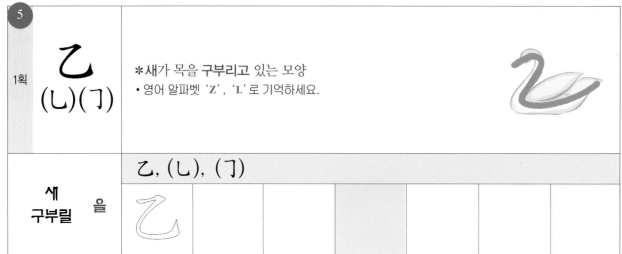

새 구부릴	을	乙, (乚), (乛)						
		乙						

부수 결합하여 한자 만들기 ··········

𠂉	+	乙	=	乞
사람 인		구부릴 을		빌 걸

사람(𠂉)이 몸을 구부리고(乙) 비니

ノ	+	一	+	乚	=	乇
비스듬할 별		한 일		구부릴 을		부탁할 탁

몸을 비스듬히(ノ) 하나(一)같이 구부리고(乚) 부탁하니

乛	+	一	+	口	=	司
구부릴 을		한 일		입 구		맡을 사

허리 구부려(乛) 하나(一)같이 입(口)에서 나온 명령을 맡으니
(신하들이 허리 구부리고 임금의 입에서 나온 명령을 각각 맡는다는 뜻입니다.)

6		
1획	亅	*끝이 꼬부라진 **갈고리** 모양 • ㅣ(송곳 곤)은 끝이 뾰족하고, 亅(갈고리 궐)은 끝이 꼬부라져 있어요. 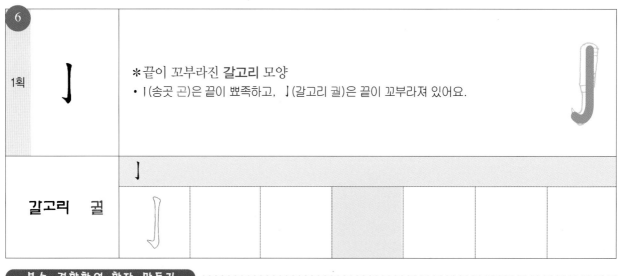

갈고리	궐	亅						
		亅						

부수 결합하여 한자 만들기 ··········

一	+	口	+	ㅋ	+	亅	=	事
한 일		입 구		손 우		갈고리 궐		일 사

하나(一)같이 입(口)에 먹고살기 위해서 손(ㅋ)에 갈고리(亅)를 들고 일하니

26

一思多得

乙 과 관계되는 재미있는 한자

加(더할 가) + 乙(새 을) = 劜(땅이름 갈)

巨(클 거) + 乙(새 을) = 乬(걸 걸)

石(돌 석) + 乙(새 을) = 乭(이름 돌)

卯(토끼 묘) + 乙(새 을) = 乮(봉호 몰)

所(곳 소) + 乙(새 을) = 乺(솔 솔)　　먼지나 때 따위를 쓸어 떨어뜨리거나 닦아 내기 위한 도구

注(부을 주) + 乙(새 을) = 乼(줄 줄)　　무엇을 묶거나 동이는 데에 쓸 수 있는 가늘고 긴 물건

者(놈 자) + 乙(새 을) = 乽(봉호 잘)

7			
2획	二	*막대기 둘을 나란히 옆으로 놓은 모양 *위의 '一'은 하늘, 아래의 '一'은 땅으로 **하늘땅**의 뜻을 나타냄	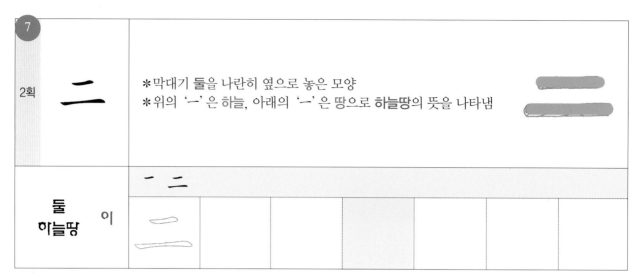

		一 二						
둘 하늘땅	이	二						

부수 결합하여 한자 만들기 ·································

一 한 일	+	二 둘 이	=	三 석 삼	하나(一) 더하기 둘(二)은? 셋
二 하늘땅 이	+	日 해 일	=	亘 뻗칠 긍	하늘땅(二)의 사이에 햇빛(日)이 뻗치니
二 하늘땅 이	+	儿 걷는 사람 인	=	元 으뜸 원	하늘땅(二)의 많은 생물 중에서 걷는 사람(儿)이 으뜸이니 (하늘과 땅에서 사람이 가장 뛰어나다는 뜻입니다.)

8			
2획	亠	*상투를 튼 **머리** 모양 • 부수의 위치와 명칭 : 부수가 글자의 위에 있는 것을 '머리'라 합니다.	

		`丶 亠`						
머리	두	亠						

부수 결합하여 한자 만들기 ·································

亠 머리 두	+	乚 숨을 혜	=	亡 망할 망	머리(亠)를 숙이고 숨을(乚) 정도로 망하니
亠 머리 두	+	父 아비 부	=	交 사귈 교	머리(亠)로 생각해 보고 아버지(父)는 좋은 사람을 사귀니 (좋은 사람인지 머리로 생각해보고 사람을 가려서 사귄다는 뜻입니다.)

一思多得

二를 하늘땅이라 하니까 이상하죠?

앞 1번에서
一을 지평선의 모양을 본떠 하늘과 땅의 뜻이 있다고 하였습니다.

二는 위의 '一'은 하늘, 아래의 '一'은 땅으로 하늘땅의 뜻을 나타냅니다.

아래 3개의 한자를 보면 이해가 됩니다.

1 亘(뻗칠 긍)
亘은 二(하늘땅 이) + 日(해 일)로 구성되었습니다.
하늘땅(二)의 사이에 **해**(日)가 빛을 사방으로 뻗친다는 뜻입니다.

2 元(으뜸 원)
元은 二(하늘땅 이) + 儿(걷는 사람 인)으로 구성되었습니다.
하늘땅(二)에 많은 생물이 있지만 그 중에서 **걷는 사람**(儿)이 으뜸이라는 뜻입니다.

3 五(다섯 오)
五는 二(하늘땅 이) + 力(힘 력)으로 구성되었습니다.
二는 **하늘땅**을 가리키는데 하늘은 양, 땅은 음을 뜻합니다.
力은 하늘의 양과 땅의 음이 서로 **합함**을 나타냅니다.
음양이 합하면 火, 水, 木, 金, 土 오행(五行)이 생깁니다.

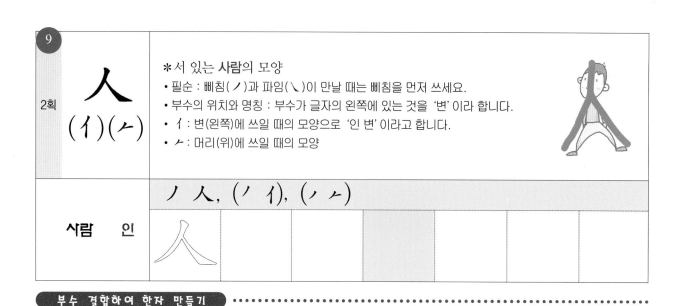

9 2획	人 (亻)(𠆢)	*서 있는 **사람**의 모양 • 필순 : 삐침(丿)과 파임(乀)이 만날 때는 삐침을 먼저 쓰세요. • 부수의 위치와 명칭 : 부수가 글자의 왼쪽에 있는 것을 '변' 이라 합니다. • 亻: 변(왼쪽)에 쓰일 때의 모양으로 '인 변' 이라고 합니다. • 𠆢: 머리(위)에 쓰일 때의 모양	
사람 인	丿 人, (丿 亻), (丿 𠆢)		
	人					

부수 결합하여 한자 만들기

人 + 止 = 企
사람 인   그칠 지   바랄 기

사람(人)들이 일을 그치고(止) 무엇인가를 바라니

亻 + 木 = 休
사람 인   나무 목   쉴 휴

사람(亻)이 나무(木)에 기대어 쉬니

𠆢 + 乙 = 乞
사람 인   구부릴 을   빌 걸

사람(𠆢)이 몸을 구부리고(乙) 비니

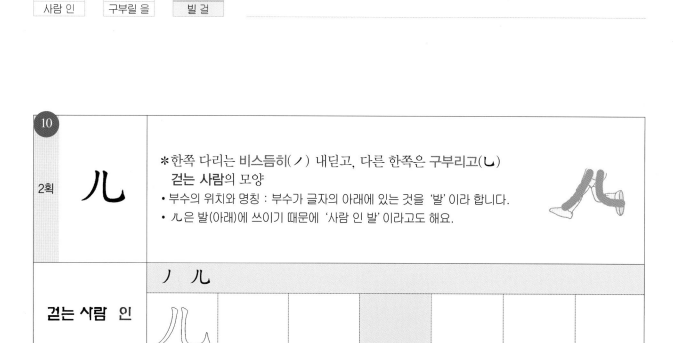

10 2획	儿	*한쪽 다리는 비스듬히(丿) 내딛고, 다른 한쪽은 **구부리고**(乚) 걷는 **사람**의 모양 • 부수의 위치와 명칭 : 부수가 글자의 아래에 있는 것을 '발' 이라 합니다. • 儿은 발(아래)에 쓰이기 때문에 '사람 인 발' 이라고도 해요.	
걷는 사람 인	丿 儿		
	儿					

부수 결합하여 한자 만들기

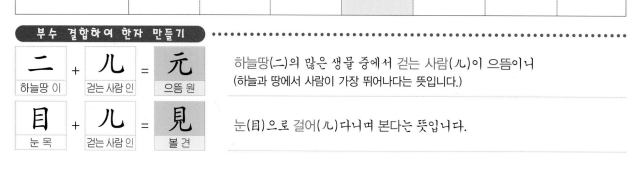

二 + 儿 = 元
하늘땅 이   걷는 사람 인   으뜸 원

하늘땅(二)의 많은 생물 중에서 걷는 사람(儿)이 으뜸이니
(하늘과 땅에서 사람이 가장 뛰어나다는 뜻입니다.)

目 + 儿 = 見
눈 목   걷는 사람 인   볼 견

눈(目)으로 걸어(儿)다니며 본다는 뜻입니다.

一思多得

亻은 자전(한자사전)에 없습니다. 부수로 인정하지 않기 때문입니다.
그러나 본 술술한자 부수는 **사람**이라는 뜻을 가진 부수로 제시하였습니다.
근거를 제시하자면

1 乞(빌 걸)

乞은 亻(자전에 없음) + 乙(구부릴 을)로 구성되었습니다.
구부리고(乙) 빈다는 뜻인데 그렇다면 亻이 무엇이냐는 것이죠?

亻을 사람이라는 뜻을 가진 부수로 인정하면 쉽게 설명이 됩니다.

乞은 **사람(亻)**이 몸을 **구부리고(乙) 빈다**는 뜻입니다.

2 生(날 생, 살 생)

자전(한자사전)은 초목이 땅에서 나 자라나는 모양을 본떠 만든 글자라고 설명합니다.
그러나 초목이 자라나는 모양을 아무리 그려보아도 生과 비슷하지는 않습니다.

生은 亻(사람 인) + 土(땅 토)로 구성되었습니다.
사람(亻)은 **땅(土)**에서 **태어나 살아간다**는 뜻입니다.

3 牛(소 우)

자전(한자사전)은 소의 모양을 본떠 만든 글자라고 설명합니다.
그러나 소의 모양을 아무리 그려보아도 牛와 비슷하지는 않습니다.

牛는 亻(사람 인) + 十(열 십, 많을 십)으로 구성되었습니다.
사람(亻)에게 **많은(十)** 이로움을 주는 **소**라는 뜻입니다.

4 族(겨레 족)

族은 方(사방 방) + 亻(사람 인) + 亻(사람 인) + 大(큰 대)로 구성되었습니다.
사방(方)에서 **사람(亻)**과 **사람(亻)**들이 모여 **큰(大)** 겨레를 이루었다는 뜻입니다.

겨레란 같은 핏줄을 이어받은 민족이라는 뜻으로 사람에게만 해당되는 말입니다.

그렇다면 亻은 사람이라는 뜻의 부수가 되어야 합니다.

11	入	*몸을 숙이고 **들어가는** 모양 • 人(사람 인)은 삐침(ノ)이 위에, 入(들 입)은 삐침(ノ)이 아래에 있어요.
2획		
들 입	ノ 入						

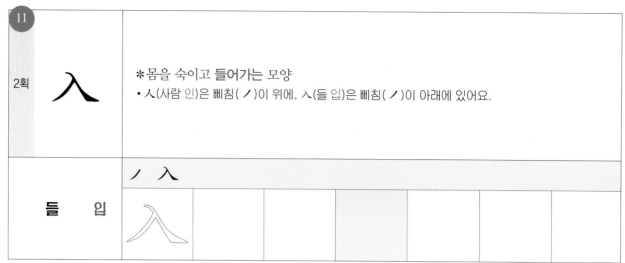

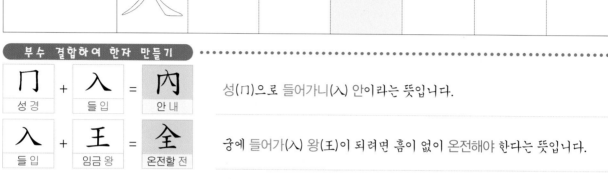

부수 결합하여 한자 만들기

冂 + 入 = 内
성 경   들 입   안 내

성(冂)으로 들어가니(入) 안이라는 뜻입니다.

入 + 王 = 全
들 입   임금 왕   온전할 전

궁에 들어가(入) 왕(王)이 되려면 흠이 없이 온전해야 한다는 뜻입니다.

12	八 (丷)	*수염이 팔방으로 **나누어진** 모양 • 人(사람 인) 入(들 입) 八(여덟 팔) 잘 구별하세요.
2획		
수염 여덟 팔 나눌	ノ 八, (丶 丷)					

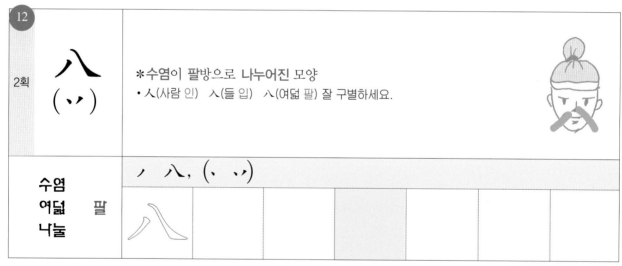

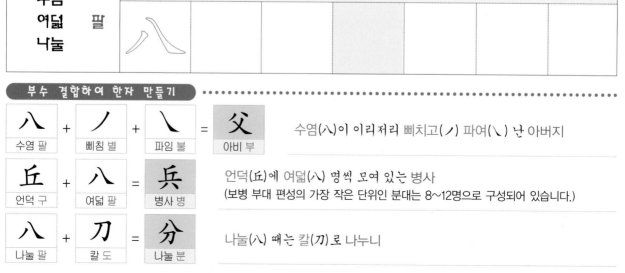

부수 결합하여 한자 만들기

八 + ノ + 乀 = 父
수염 팔   삐침 별   파임 불   아비 부

수염(八)이 이리저리 삐치고(ノ) 파여(乀) 난 아버지

丘 + 八 = 兵
언덕 구   여덟 팔   병사 병

언덕(丘)에 여덟(八) 명씩 모여 있는 병사
(보병 부대 편성의 가장 작은 단위인 분대는 8~12명으로 구성되어 있습니다.)

八 + 刀 = 分
나눌 팔   칼 도   나눌 분

나눌(八) 때는 칼(刀)로 나누니

13 2획	冂	＊성의 모양	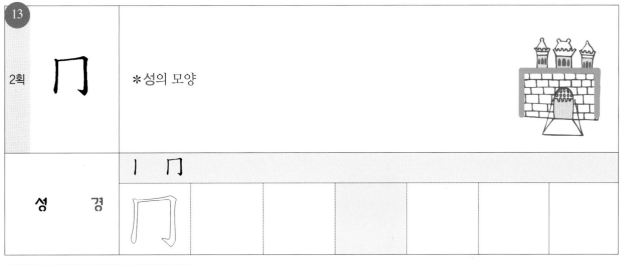

丨 冂

성 경	冂						

부수 결합하여 한자 만들기

冂 성 경	+	入 들 입	=	内 안 내

성(冂)으로 들어가니(入) 안이라는 뜻입니다.

一 한 일	+	冂 성 경	+	土 땅 토	=	再 다시 재

무너진 하나(一)의 성(冂)을 땅(土) 위에 다시 쌓는다는 뜻입니다.

14 2획	冖	＊덮어 가린 모양 • 冖은 머리(위)에 쓰이며 점(丶)이 없어 '민갓 머리' 라고도 합니다.	

丶 冖

덮을 멱	冖						

부수 결합하여 한자 만들기

冖 덮을 멱	+	車 수레 거	=	軍 군사 군

적에게 뺏기지 않으려고 덮어(冖) 수레(車)를 지키는 군사
(전쟁에 필요한 식량, 무기 등이 실려 있는 수레를 군사들이 덮어 지킨다는 뜻입니다.)

15			
2획	冫	✱위와 아래에 얼어 있는 얼음 모양 • 冫은 주로 변(왼쪽)에 쓰이고, 점(丶)이 두 개라서 '이수 변'이라고 합니다.	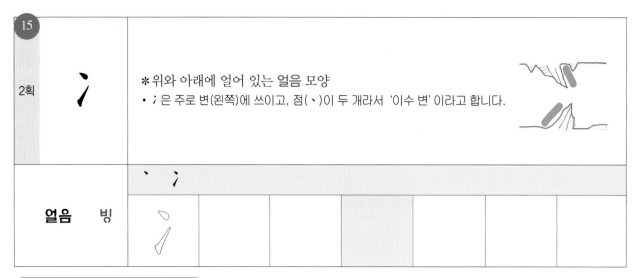

		丶 冫						
얼음 빙								

부수 결합하여 한자 만들기 ●

冫 얼음 빙	+	令 명령할 령	=	冷 찰 랭

얼음(冫)처럼 명령(令)이 차니
(위에서 내려온 명령은 하기 싫어도 따라야하니 차갑다는 뜻입니다.)

夂 뒤져 올 치	+	冫 얼음 빙	=	冬 겨울 동

봄, 여름, 가을, 겨울 중에서 뒤져오면서(夂) 얼음(冫)까지 어는 계절은?
겨울입니다.

16			
2획	几	✱위는 평평하고 발이 붙어 있는 책상의 모양 • 几(성 경)과 구별하려고 모양을 약간 변형했습니다. • 几(성 경) 几(책상 궤) 잘 구별하세요.	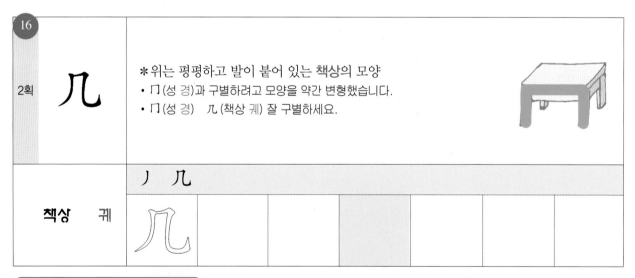

		丿 几						
책상 궤								

부수 결합하여 한자 만들기 ●

亠 머리 두	+	几 책상 궤	=	亢 높을 항

머리(亠)에 닿을 정도로 책상(几)이 높으니
(책상은 보통 높이가 가슴에 닿지만 머리에 닿을 정도로 높다는 뜻입니다.)

17 2획	凵	*그릇 또는 누워서 입 벌린 모양	

		ㄴ 凵					
그릇 입 벌릴	감	凵					

부수 결합하여 한자 만들기 ································

ㅅ	+	十	+	凵	=	缶	사람(ㅅ)이 많이(十) 마실 수 있는 큰 그릇(凵)인 장군
사람 인		많을 십		그릇 감		장군 부	(119번 6획 缶 참고)

屮	+	凵	=	出	싹(屮)이 입 벌리고(凵) 나오니
싹 날 철		입 벌릴 감		날 출	

18 2획	刀 (刂)	*날이 굽은 칼의 모양 • 부수의 위치와 명칭 : 부수가 글자의 오른쪽에 있는 것을 '방' 이라 합니다. • 刂 : 방(오른쪽)에 쓰일 때의 모양으로 '칼 도 방' 또는 '선 칼 도' 라고 합니다.	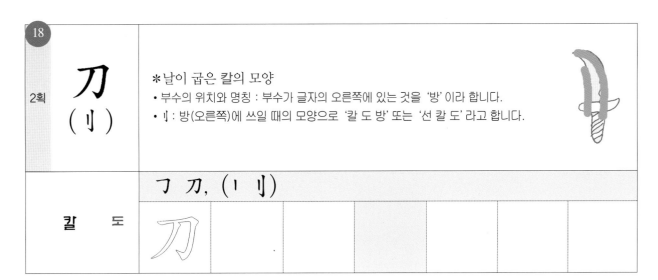

		ㄱ 刀, (丨 刂)					
칼	도	刀					

부수 결합하여 한자 만들기 ································

刀	+	口	=	召	칼(刀)을 들고 달려가 입(口)으로 소리쳐 부르니
칼 도		입 구		부를 소	(칼을 들고 적진에 달려가 소리쳐 적의 장수를 부른다는 뜻입니다.)

禾	+	刂	=	利	벼(禾)를 벨 수 있을 정도로 칼(刂)이 날카로우니
벼 화		칼 도		날카로울 리	

19 2획	力	*칼(刀)을 들고 힘쓸 때 근육이 불거진 모양 • 刀(칼 도) 力(힘 력) 잘 구별하세요.

	ㄱ 力						
힘 력	力						

부수 결합하여 한자 만들기 ·······························

力 힘 력	+	口 입 구	=	加 더할 가

힘(力)내라고 입(口)으로 소리쳐 사기를 더하니

且 또 차	+	力 힘 력	=	助 도울 조

또(且) 힘(力)써 도와준다는 뜻입니다.

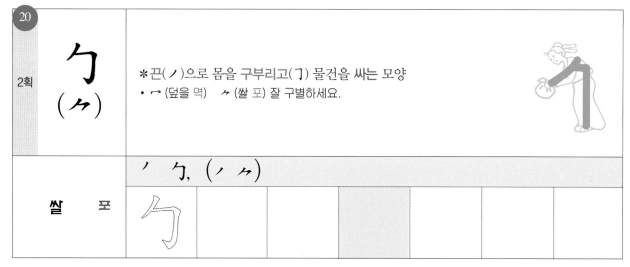

20 2획	勹 (𠂊)	*끈(丿)으로 몸을 구부리고(𠃌) 물건을 싸는 모양 • ⼍ (덮을 멱) 𠂊 (쌀 포) 잘 구별하세요.

	丿 勹, (丿 𠂊)					
쌀 포	勹					

부수 결합하여 한자 만들기 ·······························

勹 쌀 포	+	丿 끈 별	+	丿 끈 별	=	勿 없앨 물

물건을 싸서(勹) 끈(丿)과 끈(丿)을 교차시켜 묶어 없애니

𠂊 쌀 포	+	厄 재앙 액	=	危 위태할 위

싸여(𠂊) 재앙(厄)에 있으니 즉 재앙에 싸여 있으니 위태하다는 뜻입니다.

( )안에 보기에서 정답을 찾아 쓰세요.

보기 하나, 하늘, 땅, 송곳, 뚫는다, 점, 불꽃, 끈, 삐친, 새, 구부리고, 갈고리, 둘, 하늘땅, 머리, 사람, 걷는 사람

1	一	*막대기 ( )를 옆으로 놓은 모양 *하늘과 땅이 맞닿은 지평선의 모양에서 ( )과 ( )의 뜻을 나타냄
2	丨	*끝이 뾰족한 ( )의 모양 *송곳은 뚫을 때 사용하니 ( )는 뜻을 나타냄
3	丶	*촛불의 ( ) 같은 ( )의 모양
4	丿	*( )이 오른쪽 위에서 왼쪽 아래로 ( ) 모양
5	乙 (ㄴ) (ㄱ)	*( )가 목을 ( ) 있는 모양
6	亅	*끝이 꼬부라진 ( ) 모양
7	二	*막대기 ( )을 나란히 옆으로 놓은 모양 *위의 '一'은 하늘, 아래의 '一'은 땅으로 ( )의 뜻을 나타냄
8	亠	*상투를 튼 ( ) 모양
9	人 (亻) (𠆢)	*서 있는 ( )의 모양
10	儿	*한쪽 다리는 비스듬히(丿) 내딛고, 다른 한쪽은 구부리고(ㄴ) ( )의 모양

( )안에 보기에서 정답을 찾아 쓰세요.

11 入 *몸을 숙이고 (   ) 모양

12 八 (ﾵ) *(   )이 (   )방으로 (   ) 모양

13 冂 *(   )의 모양

14 冖 *(   ) 가린 모양

15 冫 *위와 아래에 얼어 있는 (   ) 모양

16 几 *위는 평평하고 발이 붙어 있는 (   )의 모양

17 凵 *(   ) 또는 누워서 (   ) 모양

18 刀 (刂) *날이 굽은 (   )의 모양

19 力 *칼(刀)을 들고 (   )쓸 때 근육이 불거진 모양

20 勹 (ﾉ) *끈(丿)으로 몸을 구부리고(乛) 물건을 (   ) 모양

21			
2획	匕	*비스듬히(ノ) 구부리고(乚) 앉아 비수를 살피는 모양 • 비수 : 날이 예리하고 짧은 칼	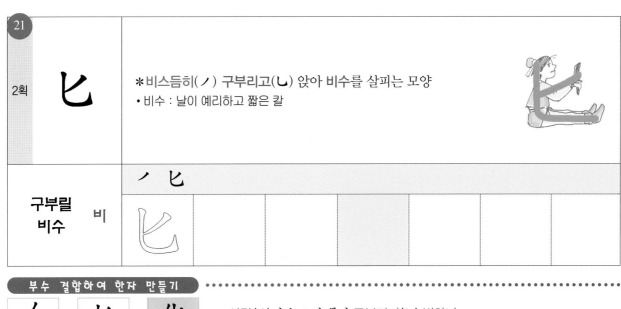

구부릴 비수	비	ノ 匕						
		匕						

부수 결합하여 한자 만들기 ....

イ	+	匕	=	化
사람 인		구부릴 비		변화할 화

사람(イ)이 늙으면 몸이 구부러져(匕) 변하니
(사람이 나이가 들어 늙으면 허리가 구부러져 변한다는 뜻입니다.)

歹	+	匕	=	死
죽을 사 변		비수 비		죽일 사

죽을(歹) 정도로 비수(匕)로 찔러 죽이니

22			
2획	匚 (匸)	*뚜껑이 열려 있는 네모진 상자를 옆에서 바라본 모양 *상자에 물건을 넣어 감추거나 숨기니 감춘다, 숨는다는 뜻을 나타냄 • 匚(상자 방), 匸(감출 혜)는 본디 다른 자이나 모양이 같아 함께 쓰입니다.	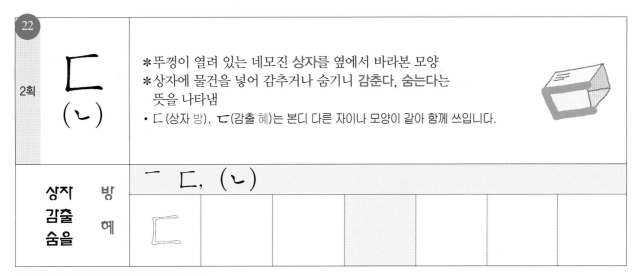

상자 감출 숨을	방 혜	一 匚, (匸)						
		匚						

부수 결합하여 한자 만들기 ....

匚	+	品	=	區
상자 방		물건 품		나눌 구분할 구

상자(匚)에 물건(品)을 넣어 나누어 구분하니

亠	+	乚	=	亡
머리 두		숨을 혜		망할 망

머리(亠)를 숙이고 숨을(乚) 정도로 망하니

39

23		
2획	十	*동서(一) 남북(丨)을 포함한 모든 방위를 나타내어 **열**을 뜻함 • 열 개의 방위 : 동, 서, 남, 북, 북서, 남서, 남동, 북동, 위, 아래 • 필순 : 가로획과 세로획이 교차될 때에는 가로획을 먼저 쓰세요.

열 많을 십	一 十						
	十						

부수 결합하여 한자 만들기

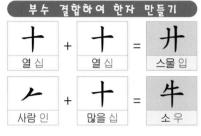

十 (열 십) + 十 (많을 십) = 卄 (스물 입)

열(十) 더하기 열(十)은? 스물

丿 (사람 인) + 十 (많을 십) = 牛 (소 우)

사람(丿)에게 많은(十) 이로움을 주는 소
(소는 수레도 끌어주고, 우리에게 고기, 우유 등 많은 이로움을 줍니다.)

24		
2획	卜	*거북을 구워 등껍데기에 나타난 금으로 **점친다**는 뜻 • 점치다 : 좋은 일이 있을지, 나쁜 일이 있을지 앞일을 미리 판단하는 일 • 중국 고대 은나라 시대에는 거북을 구워 그 등껍데기에 나타나는 금으로 점을 쳤다고 합니다.

점칠 복	丨 卜				
	卜				

부수 결합하여 한자 만들기

夕 (저녁 석) + 卜 (점칠 복) = 外 (바깥 외)

저녁(夕)에 별을 보고 점치려고(卜) 바깥에 나가니

25 2획	巳 (㔾)	*두 다리를 구부리고(ㄱ) 구부려(ㄴ) **무릎 꿇고** 있는 모양 • 병부를 반으로 나눈 모양에서 '병부 절' 이라고도 합니다. • 병부 : 왕과 병권을 맡은 지방관 사이에 미리 나누어 가지던 신표	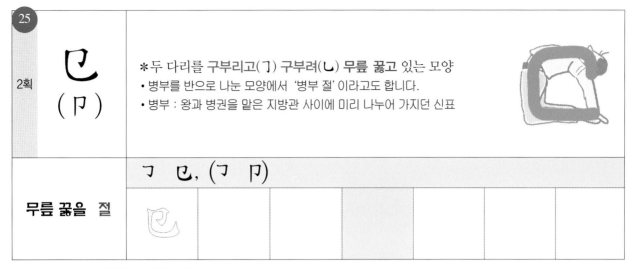

무릎 꿇을 절	ㄱ 巳, (ㄱ 㔾)						
	巳						

부수 결합하여 한자 만들기 ······································

夕 저녁 석	+	巳 무릎 꿇을 절	+	心 마음 심	=	怨 원망할 원	저녁(夕)에 무릎 꿇고(巳) 지나간 일을 마음(心)으로 원망하니 (저녁에 그날의 일과를 돌아보며 잘못된 일을 원망한다는 뜻입니다.)
人 사람 인	+	一 한 일	+	㔾 무릎 꿇을 절	=	令 명령할 령	사람(人)들을 하나(一)같이 무릎 꿇려(㔾) 놓고 명령하니

26 2획	厂	*윗부분이 툭 튀어나와 그 밑에서 사람이 살 수 있는 **바위**의 모양 • 부수의 위치와 명칭 : 부수가 글자의 위와 왼쪽을 싸고 있는 것을 '엄' 이라 합니다. • 厂은 엄으로 쓰이기 때문에 점(ﹾ)이 없어 '민엄호' 라고도 해요.	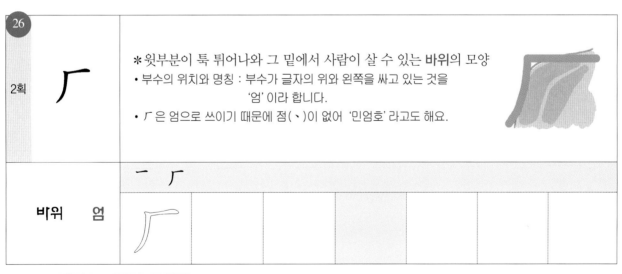

바위 엄	一 厂						
	厂						

부수 결합하여 한자 만들기 ······································

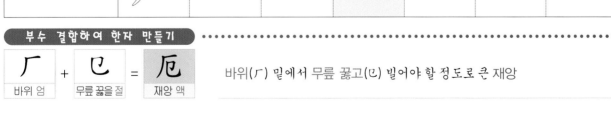

厂 바위 엄	+	巳 무릎 꿇을 절	=	厄 재앙 액	바위(厂) 밑에서 무릎 꿇고(巳) 빌어야 할 정도로 큰 재앙

27 2획	ム	*팔을 구부려 나를 가리키는 모양 *나를 가리키니 개인적인 즉 사사롭다는 뜻이 되지요. • 사사롭다 : 나만 생각하는 것	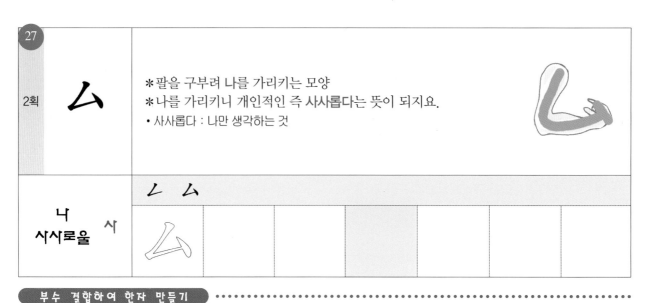

나 사사로울	사	ㄴ ㅿ						
		ㅿ						

부수 결합하여 한자 만들기 ‥‥‥‥‥‥‥‥‥‥‥‥‥‥‥‥‥‥‥‥‥‥‥‥‥‥

一 + ム + 土 = 至
한일　　나사　　땅토　　이를
지극할 지

하나(一)같이 내(ム) 땅(土)에 이르고 싶은 마음이
지극하다는 뜻입니다.

八 + ム = 公
나눌 팔　사사로울 사　공평할 공

나누어(八) 사사로움(ム)을 떨쳐버려야 공평하니
(나만 생각하는 욕심을 나누어 없애야 공평하다는 뜻입니다.)

28 3획	크 (ナ)(又)	*물건을 쥔 손을 옆에서 바라본 모양 *손은 자주 쓰이니 또 라는 뜻을 나타냄	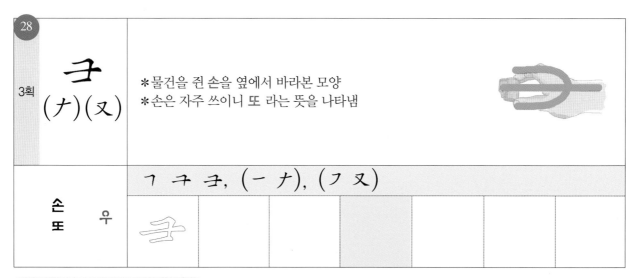

손 또	우	ㄱ ㅋ 크, (一 ナ), (ㄱ 又)						
		크						

부수 결합하여 한자 만들기 ‥‥‥‥‥‥‥‥‥‥‥‥‥‥‥‥‥‥‥‥‥‥‥‥‥‥

一 + 口 + 크 + 亅 = 事
한일　입구　손우　갈고리 궐　일 사

하나(一)같이 입(口)에 먹고살기 위해서 손(크)에
갈고리(亅)를 들고 일하니

ナ + 又 = 友
손우　손우　벗우

손(ナ)과 손(又)을 잡고 악수하는 벗(친구)

42

一思多得

ナ는 자전(한자사전)에 없습니다. 부수로 인정하지 않기 때문입니다.
그러나 본 솔솔한자 부수는 손이라는 뜻을 가진 부수로 제시하였습니다.
근거를 제시하자면

1 友(벗 우)

友는 ナ(자전에 없음) + 又(손 우)로 구성되었습니다.
손(又)을 잡고 있는 벗이라는 뜻인데 그렇다면 ナ이 무엇일까요?

ナ를 손이라는 뜻을 가진 부수로 인정하면 쉽게 설명이 됩니다.

友는 손(ナ)과 손(又)을 잡고 반갑게 인사하는 벗이라는 뜻입니다.

2 右(오른쪽 우)

右는 ナ(손 우) + 口(입 구)로 구성되었습니다.
손(ナ) 중에서 입(口)으로 먹을 것을 나르는 손은 **오른쪽**이라는 뜻입니다.

예전에는 밥을 먹거나 글씨를 쓰거나 또는 중요한 일을 할 때는 오른손을 쓰도록 하였습니다.
오른손을 바른손이라 하고 왼손을 사용하면 안 좋게 생각하였습니다.

3 左(왼쪽 좌)

左는 ナ(손 우) + 工(만들 공)으로 구성되었습니다.
손(ナ) 중에서 무엇인가를 만들(工) 때 도와주는 손은 **왼쪽**이라는 뜻입니다.

물건을 만들 때 주로 오른손을 사용하고 왼손은 도와주는 역할을 하죠?

그렇다면 ナ는 손이라는 뜻의 부수가 되어야 합니다.

29 3획	口	*입 모양 *사람(인구, 식구) 또는 어귀(입구, 출구)의 뜻으로도 쓰입니다. • 어귀 : 들어가고 나가게 만든 곳(출입문)						
입 사람 구 어귀	ㅣ ㄇ 口							
	口							

부수 결합하여 한자 만들기 ••

亠 머리 두	+	二 둘 이	+	口 입 구	=	言 말씀 언

머리(亠)로 두(二) 번 정도 생각하고 입(口)으로 하는 말씀

冂 성 경	+	一 한 일	+	口 어귀 구	=	同 같을 동

성(冂)을 하나(一)의 어귀(口)로 같이 다니니
(성에 하나의 출입문을 만들고 그 곳으로 같이 다닌다는 뜻입니다.)

30 3획	囗	*사방을 에워싼 울타리 모양 • 안이 비어 있으면 口(입 구), 안에 글자가 들어 있으면 囗(울타리 위)로 구별하세요. • 부수의 위치와 명칭 : 부수가 글자를 에워싸고 있는 것을 '몸'이라 합니다. • 口(입 구)보다 더 크다는 생각에서 '큰 입 구 몸'이라고도 해요.	
울타리 위	ㅣ ㄇ 囗		
	囗		

부수 결합하여 한자 만들기 ••

囗 울타리 위	+	人 사람 인	=	囚 가둘 수

울타리(囗) 안에 죄지은 사람(人)을 가두니

44

口(입 구)와 口(울타리 위) 잘 구별하세요.

口(입 구)는 안에 아무런 글자도 없습니다.
口(울타리 위)는 에워싸고 있는 것이니까 안에 글자가 있습니다.

아래를 보시면 이해가 되리라 생각합니다.

① 口(입 구) – 안에 글자가 없음

召(부를 소)   칼(刀)을 들고 달려가 입(口)으로 소리쳐 부르니

各(각각 각)   뒤져 와서(夂) 입(口)으로 하는 말이 각각 다르니

同(같을 동)   성(冂)을 하나(一)의 어귀(口)로 같이 다니니

告(알릴 고)   소(牛)를 제물로 바치고 입(口)으로 소원을 알리니

吠(짖을 폐)   입(口)으로 개(犬)가 짖으니

② 口(울타리 위) – 안에 글자가 있음

四(넉 사)   울타리(口) 안을 걸어 다니며(儿) 이상이 있는지 동서남북 사방을 살피니

囚(가둘 수)   울타리(口) 안에 죄지은 사람(人)을 가두니

因(의지할 인) 울타리(口)를 크게(大) 치고 의지하고 사니

固(굳을 고)   울타리(口)를 치고 오랫동안(古) 굳게 지키니

國(나라 국)   울타리(口)를 치고 적이 혹시나(或) 쳐들어 올까봐 지키는 나라

31			
3획	土	*많은(十) 싹이 땅(一)에 난 모양으로 만물을 자라게 하는 흙을 뜻함	

땅 흙	토	一 十 土						
		土						

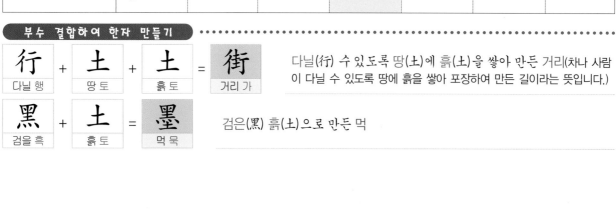

부수 결합하여 한자 만들기

行 + 土 + 土 = 街
다닐 행 　 땅 토 　 흙 토 　 거리 가

다닐(行) 수 있도록 땅(土)에 흙(土)을 쌓아 만든 거리(차나 사람이 다닐 수 있도록 땅에 흙을 쌓아 포장하여 만든 길이라는 뜻입니다.)

黑 + 土 = 墨
검을 흑 　 흙 토 　 먹 묵

검은(黑) 흙(土)으로 만든 먹

32			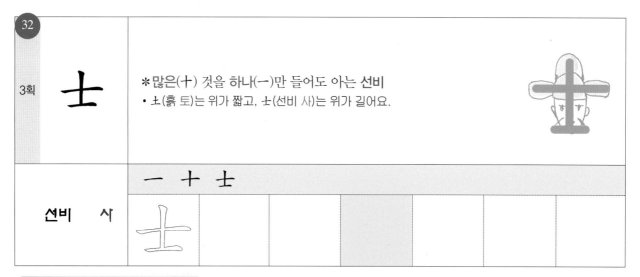
3획	士	*많은(十) 것을 하나(一)만 들어도 아는 선비 • 土(흙 토)는 위가 짧고, 士(선비 사)는 위가 길어요.	

선비	사	一 十 士						
		士						

부수 결합하여 한자 만들기

 + 士 = 仕
사람 인 　 선비 사 　 벼슬 사

사람(亻) 중에서 선비(士)만 벼슬하니
(옛날에는 신분계급이 있어서 양반인 선비만 벼슬했다는 뜻입니다.)

33		
3획	夕	*月(달 월)에서 1획을 뺀 모양으로 달이 뜨기 시작하는 저녁을 뜻함 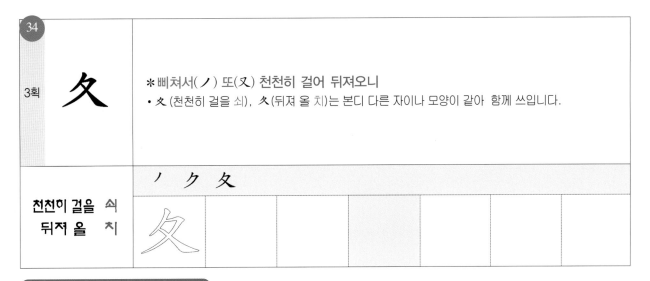

	ノ ク 夕						
저녁 석	夕						

부수 결합하여 한자 만들기 ···

夕	+	卜	=	外
저녁 석		점칠 복		바깥 외

저녁(夕)에 별을 보고 점치려고(卜) 바깥에 나가니

34		
3획	夂	*삐쳐서(ノ) 또(又) 천천히 걸어 뒤져오니 • 夊 (천천히 걸을 쇠), 夂(뒤져 올 치)는 본디 다른 자이나 모양이 같아 함께 쓰입니다.

	ノ ク 夂						
천천히 걸을 쇠 뒤져 올 치	夂						

부수 결합하여 한자 만들기 ···

彳	+	幺	+	夂	=	後
걸을 척		어릴 요		천천히 걸을 쇠		뒤 후

걸어서(彳) 어린(幺) 아이가 천천히 걸어(夂) 뒤따라오니

夂	+	冫	=	冬
뒤져 올 치		얼음 빙		겨울 동

봄, 여름, 가을, 겨울 중에서 뒤져오면서(夂) 얼음(冫)까지 어는 계절은?
겨울입니다.

35		
3획	大	*하늘(一)과 통하는 사람(人)은 지위가 **크고 위대하니** • 제사장을 말합니다. 옛날에는 제사장에 의해 다스려지는 시대였습니다.

큰 위대할	대	一 ナ 大						
		大						

부수 결합하여 한자 만들기 ···

小	+	大	=	尖
작을 소		큰 대		뾰족할 첨

모양이 위가 작고(小) 아래는 커(大) 뾰족하니

36		
3획	女	*무릎을 굽히고 앉아 있는 **여자**의 모양

여자	녀	く 女 女						
		女						

부수 결합하여 한자 만들기 ···

女	+	古	=	姑
여자 녀		오랠 고		할머니 고

여자(女)가 오래(古) 살면 할머니가 되니

37	子	*강보에 싸여 팔을 벌리고 있는 **아들**의 모양
3획		

	ㄱ 了 子						
아들 자	子						

부 수 결합하여 한자 만들기 ∙∙

女	+	子	=	好	
여자 녀		아들 자		좋을 호	여자(女)가 아들(子)을 안고 좋아하니

38	宀	*점(丶)처럼 굴뚝이 있고, 지붕이 덮여(冖) 있는 **집**의 모양
3획		• 宀 은 머리(위)에 쓰이며 점(丶)이 있어 '갓 머리' 라고도 합니다.
		• 冖 (덮을 멱) 宀 (집 면) 잘 구별하세요.

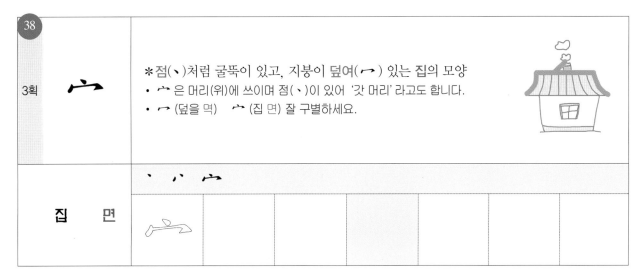

	ㆍ ㆍㆍ 宀						
집 면	宀						

부 수 결합하여 한자 만들기 ∙∙

宀	+	女	=	安	
집 면		여자 녀		편안할 안	집(宀)에 여자(女)가 있어야 편안하니
宀	+	子	=	字	
집 면		아들 자		글자 자	집(宀)에서 아들(子)에게 가르치는 글자

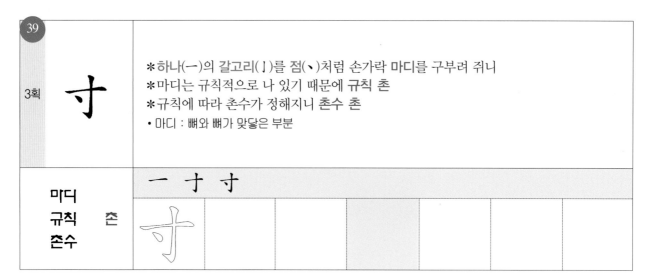

3획	寸	*하나(一)의 갈고리(亅)를 점(丶)처럼 손가락 마디를 구부려 쥐니 *마디는 규칙적으로 나 있기 때문에 규칙 촌 *규칙에 따라 촌수가 정해지니 촌수 촌 · 마디 : 뼈와 뼈가 맞닿은 부분

마디 규칙 촌 촌수	一 十 寸						
	寸						

··

身 몸신	+	寸 마디 촌	=	射 쏠사	총이나 활을 몸(身)에 의지하고 손가락 마디(寸)로 당겨 쏘니
土 땅토	+	寸 규칙 촌	=	寺 절 사 관청 시	땅(土)에서 규칙(寸)을 지키는 절이나 관청
宀 집 면	+	寸 촌수 촌	=	守 지킬 수	집(宀)에서는 촌수(寸)를 지키니

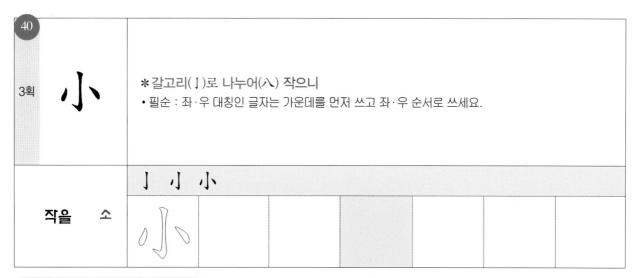

3획	小	*갈고리(亅)로 나누어(八) 작으니 · 필순 : 좌·우 대칭인 글자는 가운데를 먼저 쓰고 좌·우 순서로 쓰세요.

작을 소	亅 小 小						
	小						

··

小 작을 소	+	大 큰 대	=	尖 뾰족할 첨	모양이 위가 작고(小) 아래는 커(大) 뾰족하니

( )안에 **보기**에서 정답을 찾아 쓰세요.

보기

구부리고, 비수, 상자, 감춘다, 숨는다, 열, 접친다, 무릎 꿇고, 바위, 나, 사사롭다, 손, 또, 입, 사람, 어귀, 울타리

| 21 | 匕 | *비스듬히(ノ) ( )(乚) 앉아 ( )를 살피는 모양 |

| 22 | 匚 (ㄴ) | *뚜껑이 열려 있는 네모진 ( )를 옆에서 바라본 모양
*상자에 물건을 넣어 감추거나 숨기니 ( ), ( )는 뜻을 나타냄 |

| 23 | 十 | *동서(一) 남북(ㅣ)을 포함한 모든 방위를 나타내어 ( )을 뜻함 |

| 24 | 卜 | *거북을 구워 등껍데기에 나타난 금으로 ( )는 뜻 |

| 25 | 巴 (ㅁ) | *두 다리를 구부리고(ㄱ) 구부려(ㄴ) ( ) 있는 모양 |

| 26 | 厂 | *윗부분이 툭 튀어나와 그 밑에서 사람이 살 수 있는 ( )의 모양 |

| 27 | ム | *팔을 구부려 ( )를 가리키는 모양
*나를 가리키니 개인적인 즉 ( )는 뜻이 되지요. |

| 28 | 又 (ナ)(ㄡ) | *물건을 쥔 ( )을 옆에서 바라본 모양
*손은 자주 쓰이니 ( ) 라는 뜻을 나타냄 |

| 29 | 口 | *( ) 모양
*( )(인구, 식구) 또는 ( )(입구, 출구)의 뜻으로도 쓰입니다. |

| 30 | 囗 | *사방을 에워싼 ( ) 모양 |

( )안에 보기에서 정답을 찾아 쓰세요.

| 보기 | 땅, 흙, 선비, 저녁, 천천히 걸어 뒤져오니, 크고 위대하니, 여자, 아들, 집, 마디, 규칙 촌, 촌수 촌, 작으니 |

31 土 　　*많은(十) 싹이 ( )(一)에 난 모양으로 만물을 자라게 하는 ( )을 뜻함

32 士 　　*많은(十) 것을 하나(一)만 들어도 아는 ( )

33 夕 　　*月(달 월)에서 1획을 뺀 모양으로 달이 뜨기 시작하는 ( )을 뜻함

34 夂 　　*삐쳐서(丿) 또(又) ( )

35 大 　　*하늘(一)과 통하는 사람(人)은 지위가 ( )

36 女 　　*무릎을 굽히고 앉아 있는 ( )의 모양

37 子 　　*강보에 싸여 팔을 벌리고 있는 ( )의 모양

38 宀 　　*점(丶)처럼 굴뚝이 있고, 지붕이 덮여(冖) 있는 ( )의 모양

39 寸 　　*하나(一)의 갈고리(亅)를 점(丶)처럼 손가락 ( )를 구부려 쥐니
　　　　　*마디는 규칙적으로 나 있기 때문에 ( )
　　　　　*규칙에 따라 촌수가 정해지니 ( )

40 小 　　*갈고리(亅)로 나누어(八) ( )

다음 빈칸에 알맞은 **부수**를 넣어 **한자**를 완성하세요.

日 + ☐ = 旦
해 일   아침 단

해(日)가 땅(一) 위로 떠오를 때는 아침이니

☐ + 水 = 永
     물 수   길 영

점(丶) 같은 물(水)방울이 모여 길게 흐르니(한 점 한 점 점처럼 생긴 물방울이 모여 강을 이루어 길게 흐른다는 뜻입니다.)

人 + ノ + ☐ = 介
사람 인   끈 별   끼울 개

사람(人)이 끈(ノ)을 송곳(丨)에 끼우니(바늘에 실을 꿰듯 송곳 구멍에 끈을 끼운다는 뜻입니다.)

亼 + ☐ = 乞
사람 인   빌 걸

사람(亼)이 몸을 구부리고(乙) 비니

☐ + 乚 = 亡
     숨을 혜   망할 망

머리(亠)를 숙이고 숨을(乚) 정도로 망하니

☐ + 儿 = 元
     걷는 사람 인   으뜸 원

하늘땅(二)의 많은 생물 중에서 걷는 사람(儿)이 으뜸이니 (하늘과 땅에서 사람이 가장 뛰어나다는 뜻입니다.)

冂 + ☐ = 内
성 경   안 내

성(冂)으로 들어가니(入) 안이라는 뜻입니다.

八 + ☐ = 分
나눌 팔   나눌 분

나눌(八) 때는 칼(刀)로 나누니

☐ + 口 = 加
     입 구   더할 가

힘(力)내라고 입(口)으로 소리쳐 사기를 더하니

☐ + ノ + ノ = 勿
     끈 별   끈 별   없앨 물

물건을 싸서(勹) 끈(ノ)과 끈(ノ)을 교차시켜 묶어 없애니

☐	+	品 물건 품	=	區 구분할 구	상자(匸)에 물건(品)을 넣어 나누어 구분하니

┌─────┬───┬───────┬───┬───────┐
└ + 品 = 區 상자(匸)에 물건(品)을 넣어 나누어 구분하니
물건 품 / 구분할 구

𠂉 사람 인 + ☐ = 牛 소 우 / 사람(𠂉)에게 많은(十) 이로움을 주는 소
(소는 수레도 끌어주고 우리에게 고기, 우유 등 많은 이로움을 줍니다.)

夕 저녁 석 + ☐ = 外 바깥 외 / 저녁(夕)에 별을 보고 점치려고(卜) 바깥에 나가니

☐ + 巳 무릎 꿇을 절 = 厄 재앙 액 / 바위(厂) 밑에서 무릎 꿇고(巳) 빌어야 할 정도로 큰 재앙

ナ 손 우 + ☐ = 友 벗 우 / 손(ナ)과 손(又)을 잡고 악수하는 벗(친구)

☐ + 人 사람 인 = 囚 가둘 수 / 울타리(囗) 안에 죄 지은 사람(人)을 가두니

亻 사람 인 + ☐ = 仕 벼슬 사 / 사람(亻) 중에서 선비(士)만 벼슬하니
(옛날에는 신분계급이 있어서 양반인 선비만 벼슬했다는 뜻입니다.)

夂 뒤져 올 치 + ☐ = 冬 겨울 동 / 봄, 여름, 가을, 겨울 중에서 뒤져오면서(夂) 얼음(冫)까지 어는 계절은? 겨울입니다.

☐ + 女 여자 녀 = 安 편안할 안 / 집(宀)에 여자(女)가 있어야 편안하니

☐ + 大 큰 대 = 尖 뾰족할 첨 / 모양이 위가 작고(小) 아래는 커(大) 뾰족하니

다음 한자의 뜻과 음을 쓰세요.

一 丨 丶 丿 乙(乚)(乛) 亅 二

亠 人(亻)(𠆢) 儿 　 入 八(丷) 冂

冖 冫 　 　 　 几 凵

刀(刂) 　 　 　 　 　 力

勹 　 　 　 　 　 匕

匚 　 　 　 　 　 十

卜 卩(㔾) 　 1-40번 형성평가 　 厂 厶

𠂇(彐)(又) 口 口 　 土 士 夕

夂 大 女 子 宀 寸 小

55

다음 뜻과 음을 지닌 한자를 쓰세요.

하늘 일	뚫을 곤	점 주	끈 별	구부릴 을	갈고리 궐	하늘땅 이
머리 두	사람 인	걷는 사람 인		들 입	나눌 팔	성 경
덮을 멱	얼음 빙				책상 궤	입 벌릴 감
칼 도						힘 력
쌀 포						구부릴 비
상자 방						열 십
점칠 복	무릎 꿇을 절				바위 엄	사사로울 사
손 우	입 구	울타리 위		흙 토	선비 사	저녁 석
뒤져 올 치	큰 대	여자 녀	아들 자	집 면	마디 촌	작을 소

1-40번
형성평가

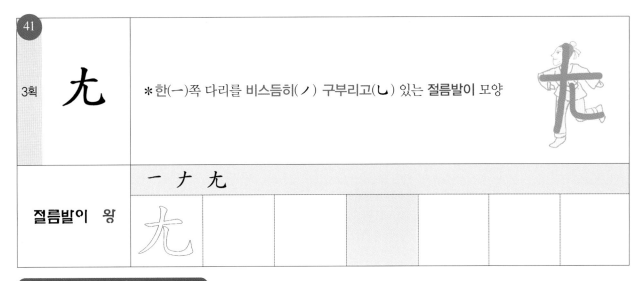

41 3획	尢	*한(一)쪽 다리를 비스듬히(丿) 구부리고(乚) 있는 **절름발이** 모양

	一 ナ 尢						
절름발이 왕	尢						

부수 결합하여 한자 만들기

尢	+	丶	=	尤
절름발이 왕		점 주		더욱 우

절름발이(尢)에 점(丶)을 찍어 강조를 하여 도움이 더욱 필요하다는 뜻

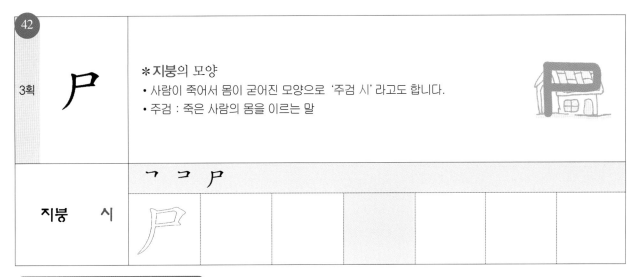

42 3획	尸	***지붕**의 모양 • 사람이 죽어서 몸이 굳어진 모양으로 '주검 시' 라고도 합니다. • 주검 : 죽은 사람의 몸을 이르는 말

	그 コ 尸						
지붕 시	尸						

부수 결합하여 한자 만들기

尸	+	出	=	屈
지붕 시		날 출		굽힐 굴

지붕(尸)이 낮아서 밖으로 나오려고(出) 몸을 굽히니

43			
3획	屮	*입 벌리고(凵) 땅을 뚫고(丨) 싹이 나는 모양	

	ㄴ ㄴ 屮						
싹 날 철	屮						

부수 결합하여 한자 만들기

屮 + 凵 = 出
싹날철 + 입벌릴감 = 날출

싹(屮)이 입 벌리고(凵) 나오니

44			
3획	山	*산봉우리가 뾰족하게 솟은 산의 모양	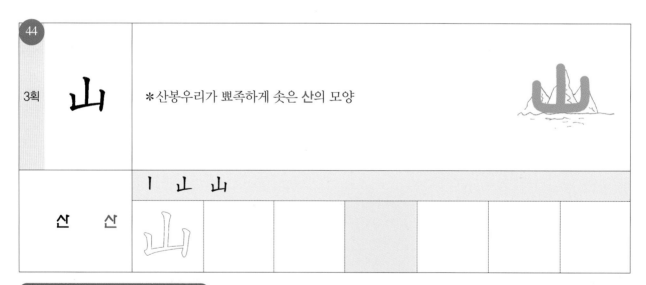

	丨 丄 山						
산 산	山						

부수 결합하여 한자 만들기

亻 + 山 = 仙
사람인 + 산산 = 신선선

사람(亻)이 산(山)에서 도를 닦으며 신선처럼 사니

58

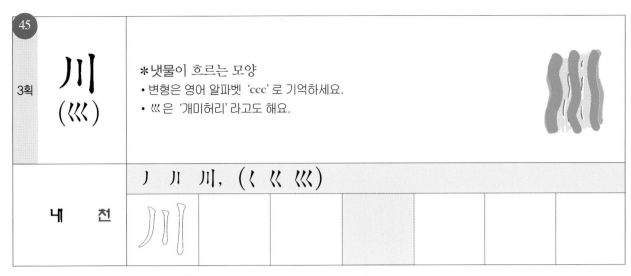

45 3획	川 (巛)	*냇물이 흐르는 모양 • 변형은 영어 알파벳 'ccc' 로 기억하세요. • 巛 은 '개미허리' 라고도 해요.

ノ 刀 川, (﹤ ﹤﹤ 巛)						
내 천	川					

부수 결합하여 한자 만들기

言 + 川 = 訓
말씀 언 내 천 가르칠 훈

말(言)하여 냇물(川)이 흐르듯 막힘없이 자연스럽게 가르치니

巛 + 火 = 災
내 천 불 화 재앙 재

냇물(巛)이 불어나고 불(火)이 나서 생기는 재앙

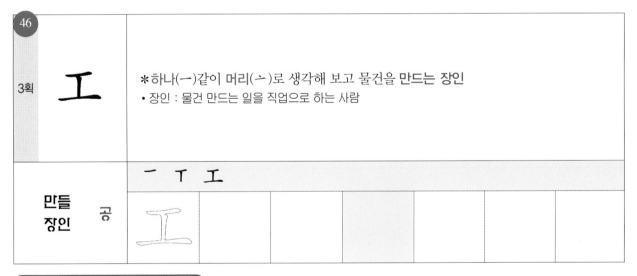

46 3획	工	*하나(一)같이 머리(丶)로 생각해 보고 물건을 만드는 장인 • 장인 : 물건 만드는 일을 직업으로 하는 사람

一 丁 工						
만들 장인 공	工					

부수 결합하여 한자 만들기

氵 + 工 = 江
물 수 만들 공 강 강

물(氵)이 모여서 만들어진(工) 강

工 + 力 = 功
장인 공 힘 력 공 공

장인(工)이 힘(力)을 써서 세운 공
(장인이 중요한 물건을 만들어 공을 세웠다는 뜻입니다.)

47		
3획	己	✽무릎 꿇고 큰절하는 **몸**의 모양 • 乙(새 을, 1획) 己(몸 기, 3획) 잘 구별하세요. • 己(몸 기) 已(이미 이) 巳(뱀 사) 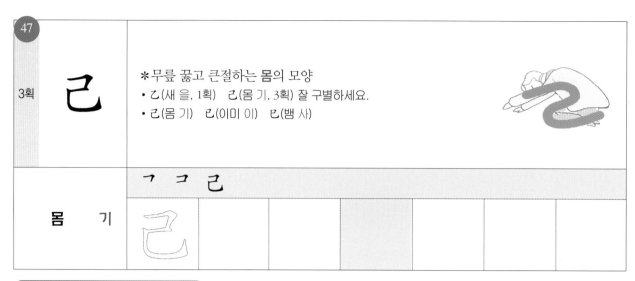

	﹁　﹁コ　己						
몸　기	己						

부수 결합하여 한자 만들기 ···

己	+	攵	=	改
몸 기		칠 복		고칠 개

몸(己)을 쳐(攵) 잘못을 고치니
(회초리로 몸을 때리며 잘못을 고치라고 한다는 뜻입니다.)

48		
3획	巾	✽헝겊으로 만든 수건을 몸에 두르고 있는 모양 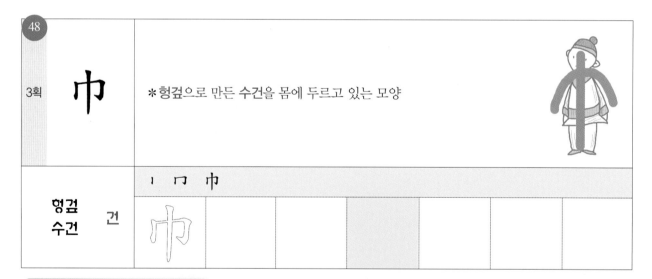

	﹁　口　巾						
헝겊 수건　건	巾						

부수 결합하여 한자 만들기 ···

巾	+	長	=	帳
헝겊 건		길 장		장막 장

헝겊(巾)을 길게(長) 둘러친 장막
(장막 : 비바람을 피할 수 있도록 둘러치는 막)

亠	+	巾	=	市
머리 두		수건 건		시장 시

머리(亠)에 두를 수건(巾)을 사러 시장에 가니

49	干	*하나(一)로 많은(十) 것을 막을 수 있는 **방패** • 방패로 칼, 창, 화살 등 많은 것을 막지요?
3획		

	一 二 干						
방패 간	干						

부수 결합하여 한자 만들기 ··

日	+	干	=	旱
해 일		방패 간		가물 한

해(日)를 방패(干)로라도 막아야 할 정도로 가무니
(날이 가물어 해를 방패로라도 가리고 싶다는 뜻입니다.)

鼻	+	干	=	鼾
코 비		방패 간		코골 한

코(鼻)를 방패(干)로 막고 싶을 정도로 코고니

50	幺	*갓 태어난 **작고 어린** 아이의 모양
3획		

	⺯ ⺯ 幺						
작을 어릴 요	幺						

부수 결합하여 한자 만들기 ··

幺	+	力	=	幼
작을 요		힘 력		어릴 유

작은(幺) 힘(力)이면 아직 어리니

彳	+	幺	+	夂	=	後
걸을 척		어릴 요		천천히 걸을 쇠		뒤 후

걸어서(彳) 어린(幺) 아이가 천천히 걸어(夂) 뒤따라오니

61

51 3획	广	*점(丶)처럼 바위(厂) 위에 지은 **큰 집** 모양 • 广은 엄으로 쓰이며 점(丶)이 있어 '엄호' 라고도 합니다. • 厂 (바위 엄, 2획) 广 (큰 집 엄, 3획) 잘 구별하세요.					
큰 집 엄	 						

부수 결합하여 한자 만들기

广 + 車 = 庫
큰 집 엄   수레 거   창고 고

큰 집(广)에서 수레(車)를 넣어 보관하는 창고

广 + 聽 = 廳
큰 집 엄   들을 청   관청 청

큰 집(广)을 지어 놓고 백성의 어려움을 들어(聽)주는 관청
(도청, 시청, 구청을 생각해 보세요.)

52 3획	廴	*옷을 **끌며** 걷는 모양 • 부수의 위치와 명칭 : 부수가 글자의 왼쪽과 밑을 싸고 있는 것을 '받침' 이라 합니다. • 廴은 받침으로 쓰이며 점(丶)이 없어 '민책 받침' 이라고도 해요. • 필순 : 맨 나중에 쓰세요.					
끌 인							

부수 결합하여 한자 만들기

聿 + 廴 = 建
붓 율   끌 인   세울 건

붓(聿)을 이리저리 끌어(廴)가며 계획을 세우니
(붓을 이리저리 끌어가며 글을 써서 계획을 세운다는 뜻입니다.)

53 3획	廾	*열(十)과 열(十)을 합하여 스물의 뜻을 나타냄 *물건을 두 손으로 잡고 있는 모양

스물 입 두 손 잡을 공	一　ナ　廾						
	廾						

부수 결합하여 한자 만들기

十 열 십	+	廾 스물 입	=	卅 서른 삼

열(十) 더하기 스물(廾)은? 서른

戈 창 과	+	廾 두손 잡을 공	=	戒 경계할 계

창(戈)을 두 손으로 잡고(廾) 적을 경계하니

54 3획	弋	*주살의 모양 • 주살 : 줄로 묶은 화살(활 쏘는 연습을 할 때 사용) • 필순 : 오른쪽 위의 점은 맨 나중에 쓰세요.	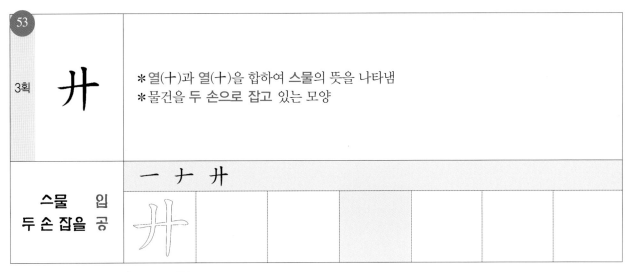

주살　익	一　七　弋						
	弋						

부수 결합하여 한자 만들기

亻 사람 인	+	弋 주살 익	=	代 대신할 대

사람(亻)이 할 일을 주살(弋)로 대신하니(활 쏘는 연습을 할 때 사람이 자세를 바로잡아 줘야 하는데 주살을 이용하여 대신한다는 뜻입니다.)

55 3획	弓	*활의 모양 ・ 己(몸 기) 弓(활 궁) 잘 구별하세요. 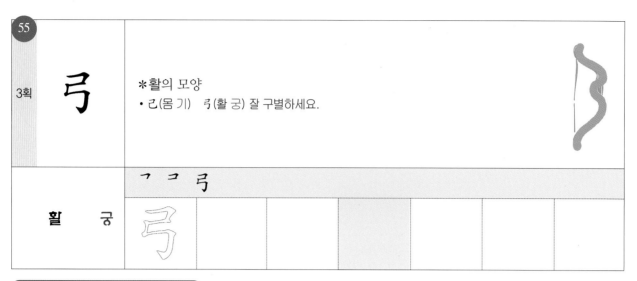

ㄱ ㄱ 弓

활 궁		

부수 결합하여 한자 만들기 •

弓 + 厶 = 弘
활 궁 + 나 사 = 클 홍

활(弓)시위를 내(厶) 쪽으로 당기면 늘어나 커지니
(활줄을 내 쪽으로 당기면 늘어나 활의 모양이 커진다는 뜻입니다.)

56 3획	크 (彑)	*주둥이가 나온 **돼지** 머리의 모양 ・ 돼지가 '크크크' 웃으며 요트(彑)를 탄다. 로 기억하세요. ・ 曰(가로 왈)자의 왼쪽이 터졌다고 해서 '튼 가로 왈' 이라고도 합니다. ・ 크(손 우, 또 우) 크(돼지 계) 잘 구별하세요.

ㄱ ㄱ 크, (ㄴ ㅂ 彑)

돼지 계		

부수 결합하여 한자 만들기 •

糸 + 彑 + 豕 = 緣
실 사 + 돼지 계 + 돼지 시 + = 인연 연

실(糸)로 돼지(彑)와 돼지(豕)처럼 이어 맺어준 인연
(결혼할 때 청실홍실 엮는다고 하죠?)

64

57	彡	*빗질해 놓은 **터럭** 모양 • 터럭 : 몸에 난 길고 굵은 털 • 三(석 삼) 川(내 천) 彡(터럭 삼) 잘 구별하세요.	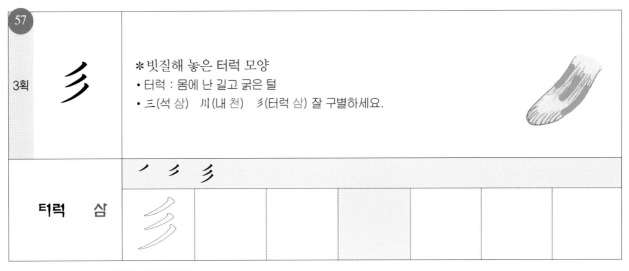
3획			

	✎ `丶  彡  彡`						
터럭 삼	彡						

부수 결합하여 한자 만들기 •

镸 <small>길 장</small>	+	彡 <small>터럭 삼</small>	=	髟 <small>긴 터럭 표</small>

긴(镸) 터럭(彡)이니 긴 터럭 표

58	彳	*두 **사람**(亻)이 나란히 걷는 모양 • 彳은 亻(인 변)이 거듭되어 '두인 변'이라고도 합니다. • 亻(사람 인) 彳(걸을 척) 잘 구별하세요.
3획		

	✎ `丶  彡  彳`						
걸을 척	彳						

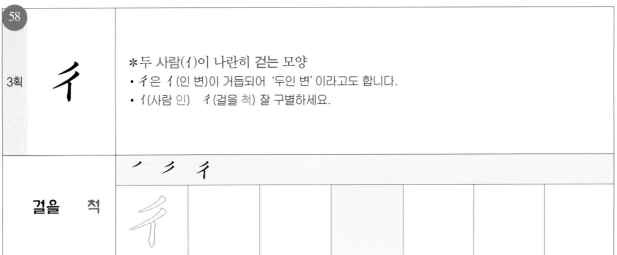

부수 결합하여 한자 만들기 •

彳 <small>걸을 척</small>	+	幺 <small>어릴 요</small>	+	夂 <small>천천히 걸을 쇠</small>	=	後 <small>뒤 후</small>

걸어서(彳) 어린(幺) 아이가 천천히 걸어(夂) 뒤따라오니

彳 <small>걸을 척</small>	+	主 <small>주인 주</small>	=	往 <small>갈 왕</small>

걸어서(彳) 주인(主)에게 가니

59 4획	心 (忄)(小)	*심장의 모양을 본떠 마음이란 뜻으로 씀 • 忄 : 변(왼쪽)에 쓰일 때의 모양으로 '심방 변'이라고 합니다. • 小 : 발(아래)에 쓰일 때의 모양

심장 마음	심	' 心 心 心, (' ' 忄), (↓ 忄 小 小)					
		心					

부수 결합하여 한자 만들기 •

自 + 心 = 息
코 자　심장 심　숨쉴 식

코(自)와 심장(心)으로 숨 쉬니

忄 + 生 = 性
마음 심　날 생　성품 성

마음(忄)에서 나오는(生) 성품
(마음을 잘 먹으라고 하죠? 마음에서 성품이 나온다고 합니다.)

共 + 忄 = 恭
함께 공　마음 심　공손할 공

어른과 함께(共) 살면 마음(忄)이 공손하니

60 4획	戈	*주살(弋)처럼 끈(丿)이 달려 있는 창의 모양 • 戈(창 과)는 끝이 뾰족하며 한쪽 옆에만 날이 덧붙은 것을 말합니다. • 弋(주살 익, 3획)　戈(창 과, 4획) 잘 구별하세요.

창	과	一 弋 戈 戈					
		戈					

부수 결합하여 한자 만들기 •

戈 + 廾 = 戒
창 과　두손잡을 공　경계할 계

창(戈)을 두 손으로 잡고(廾) 적을 경계하니

亻 + 戈 = 伐
사람 인　창 과　찌를 벌

사람(亻)이 창(戈)으로 적을 찌르니

一思多得

心을 부수로 하는 한자

刃(칼날 인) + 心(심장 심) = 忍(참을 인)
→ 칼날이 심장을 찌르는 정도의 아픔을 참는다는 뜻입니다.

亡(망할 망) + 心(마음 심) = 忘(잊을 망)
→ 망한 기억을 마음에 담아두지 않고 잊는다는 뜻입니다.

今(이제 금) + 心(마음 심) = 念(생각 념)
→ 지금까지도 마음에 담아두고 생각하니

勿(없앨 물) + 心(마음 심) = 忽(갑자기 홀, 소홀히 할 홀)
→ 없애고 싶은 마음이 갑자기 생겨 소홀히 하니

分(나눌 분) + 心(마음 심) = 忿(성낼 분)
→ 나누어 가지라고 하여 마음에 성내니

(   )안에 **보기**에서 **정답**을 찾아 쓰세요.

41	尢	*한(一)쪽 다리를 비스듬히(丿) 구부리고(乚) 있는 ( ) 모양
42	尸	*( )의 모양
43	屮	*입 벌리고(凵) 땅을 뚫고(丨) ( )이 나는 모양
44	山	*산봉우리가 뾰족하게 솟은 ( )의 모양
45	川(巛)	*( )이 흐르는 모양
46	工	*하나(一)같이 머리(亠)로 생각해 보고 물건을 ( )
47	己	*무릎 꿇고 큰절하는 ( )의 모양
48	巾	*( )으로 만든 ( )을 몸에 두르고 있는 모양
49	干	*하나(一)로 많은(十) 것을 막을 수 있는 ( )
50	幺	*갓 태어난 ( ) 아이의 모양

( )안에 보기에서 정답을 찾아 쓰세요.

| 51 | 广 | *점(ヽ)처럼 바위(厂) 위에 지은 (　　) 모양 |

| 52 | 夂 | *옷을 (　　) 걷는 모양 |

| 53 | 廾 | *열(十)과 열(十)을 합하여 (　　)의 뜻을 나타냄
*물건을 (　　　　　　　) 있는 모양 |

| 54 | 弋 | *(　　)의 모양 |

| 55 | 弓 | *(　)의 모양 |

| 56 | 彐(彑) | *주둥이가 나온 (　　) 머리의 모양 |

| 57 | 彡 | *빗질해 놓은 (　　) 모양 |

| 58 | 彳 | *두 사람(亻)이 나란히 (　　) 모양 |

| 59 | 心 (忄)(㣺) | *(　　)의 모양을 본떠 (　　)이란 뜻으로 씀 |

| 60 | 戈 | *주살(弋)처럼 끈(丿)이 달려 있는 (　) 의 모양 |

61 4획	尸 (戶)	*문짝이 한 개인 문의 모양 *외짝 문이 달려 있는 집의 뜻을 나타냄 • '지게 호' 라고도 하는데 지게란 외짝 문을 말합니다. • ノ(삐침 별) 쓰고 밑에 尸(지붕 시) 쓰면 됩니다. • 尸(지붕 시, 3획) 户(문 호, 4획) 잘 구별하세요.	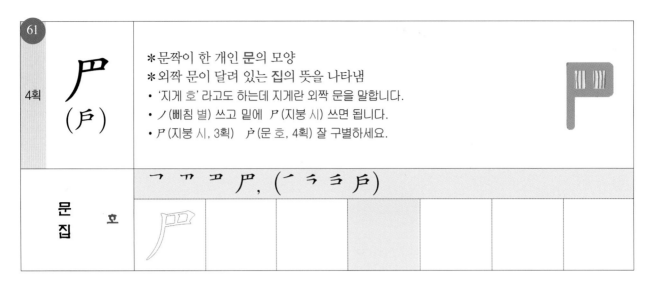

ㄱ ㄱ ㄲ 尸, (ˋ ㅋ ㅋ 戶)

문 집	호							

부수 결합하여 한자 만들기 ∙∙∙

户 _{문 호}	+	方 _{사방 방}	=	房 _{방 방}	문(户)을 사방(方)으로 낸 방
户 _{집 호}	+	斤 _{도끼 근}	=	所 _{곳 소}	집(户)에서 위험한 도끼(斤)를 두는 일정한 곳 (도끼는 위험해서 어린 아이들의 손이 잘 닿지 않는 높은 곳에 두었죠?)

62 4획	手 (扌)	*끈(ノ) 두(二) 개와 갈고리(亅)를 쥐고 있는 손의 모양 • 扌 : 변(왼쪽)에 쓰일 때의 모양으로 '손 수 변' 이라고 합니다. • 모양이 才(재주 재)와 닮았기에 '재방 변' 이라고도 합니다.	

ˊ ˴ ㅌ 手, (ー 十 扌)

손	수							

부수 결합하여 한자 만들기 ∙∙∙

手 _{손 수}	+	目 _{눈 목}	=	看 _{볼 간}	손(手)을 눈(目) 위에 얹고 보니 (눈이 부셔서 손을 눈 위 이마에 얹어 빛을 가리고 본다는 뜻입니다.)
扌 _{손 수}	+	殳 _{창 수}	=	投 _{던질 투}	손(扌)에 창(殳)을 들고 던지니

63		
4획	支	*열(十) 개씩 또(又) 가르니 
	一 十 与 支	
가를 지	支	

부수 결합하여 한자 만들기 ···

山	+	支	=	岐
산 산		가를 지		갈림길 기

산(山)에 갈라져(支) 있는 갈림길
(산에는 여러 갈래의 갈림길이 있다는 뜻입니다.)

64		
4획	攴 (攵)	*점칠(卜) 때 손(又)으로 '폭' 소리가 나게 치니 • 文(글월 문)과의 차이에서 '둥글월 문'이라고도 합니다. • 夂(뒤져 올 치, 3획) 攵(칠 복, 4획) 잘 구별하세요.
	ㅏ ㅏ 与 攴, (ノ ㅅ 广 攵)	
칠 복	攴	

부수 결합하여 한자 만들기 ···

高	+	攴	=	敲
높을 고		칠 복		두드릴 고

높이(高) 손을 들어 쳐(攴) 두드리니
(큰북을 높이 손을 들어 쳐서 두드린다는 뜻입니다.)

己	+	攵	=	改
몸 기		칠 복		고칠 개

몸(己)을 쳐(攵) 잘못을 고치니
(회초리로 몸을 때리며 잘못을 고치라고 한다는 뜻입니다.)

71

65 4획	文	*머리(亠)로 생각하고 삐치고(丿) 파여(乀) 쓴 글

		丶 一 ナ 文					
글월	문	文					

糸 + 文 = 紋
실 사 글월 문 무늬 문

실(糸)로 글(文)을 써서 새긴 무늬
(실로 글을 써서 무늬를 새겼다는 뜻입니다. 자수 아시죠?)

66 4획	斗	*점(丶) 점(丶)이 모여 있는 곡식의 양을 열(十) 번을 기준으로 측정하는 말 · 말 : 곡식 등의 가루나 술 같은 액체의 부피를 잴 때 쓰이는 단위 · 쌀 10홉 = 쌀 1되, 쌀 10되 = 쌀 1말, 쌀 10말 = 쌀 1가마	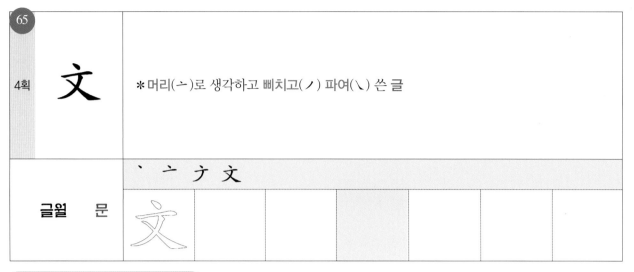

		丶 丷 丬 斗					
말	두	斗					

米 + 斗 = 料
쌀 미 말 두 헤아릴 료

쌀(米)의 양을 말(斗)로 헤아리니

67		
4획	斤	*자루 달린 도끼의 모양

` ´ ┌ ┌ 斤

도끼 근	斤

부수 결합하여 한자 만들기

木 (나무 목) + 斤 (도끼 근) = 析 (쪼갤 석)

나무(木)를 도끼(斤)로 쪼개니

68		
4획	方	*머리(亠)를 구부리고(ㄱ) 끈(丿)으로 묶어 뾰족하게 모가 난 모양 • 모 : 물건의 겉으로 튀어 나온 곳

` 丶 一 亠 方

모 사방 방	方

부수 결합하여 한자 만들기

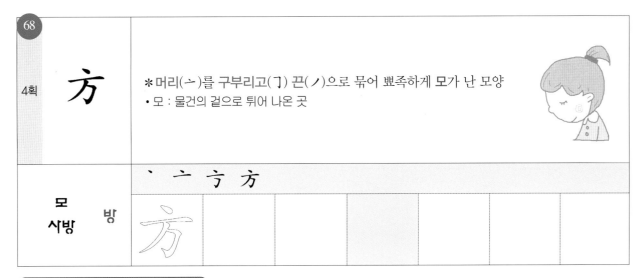

方 (사방 방) + 人 (사람 인) + 人 (사람 인) + 大 (큰 대) = 族 (겨레 족)

사방(方)에서 사람(人)과 사람(人)들이 모여
큰(大) 겨레를 이루니

69 4획	无 (旡)	*한(一) 명의 절름발이(尢)도 **없으니** • 旣(이미 기)의 방으로 쓰이기 때문에 '이미 기 방'이라고도 합니다.

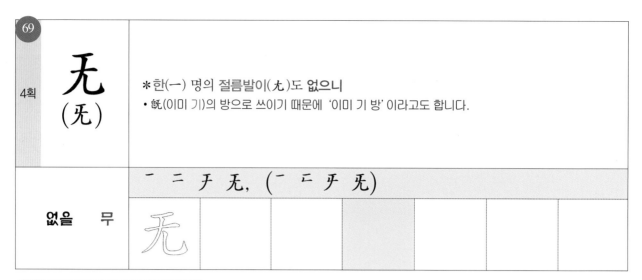

	̄ ̄ 二 尹 无, (̄ 二 尹 旡)
없을 무	无

부수 결합하여 한자 만들기

白 + 匕 + 无 = 旣
흰 백   비수 비   없을 무   이미 기

흰(白) 비수(匕) 앞에 이미 달아나 아무도 없으니(无)

70 4획	日	*해의 모양 *해가 지고 뜨는 것에 따라 날이 바뀌니 날이라는 뜻을 나타냄

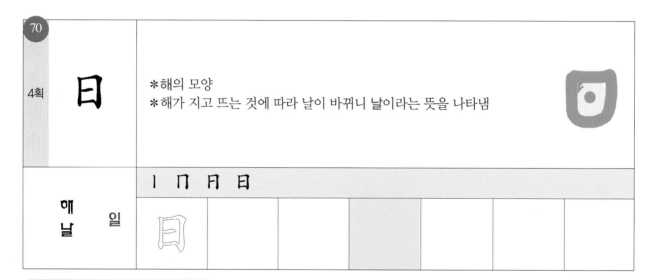

	l 冂 冃 日
해 날 일	日

부수 결합하여 한자 만들기

日 + 一 = 旦
해 일   땅 일   아침 단

해(日)가 땅(一) 위로 떠오를 때는 아침이니

卄 + 一 + 日 = 昔
스물입   한 일   날 일   예 석

스물(卄) 하고도 일(一) 일(日)이나 지난 옛날

74

71 4획	曰	*입(口)을 벌려 하나(一)같이 **말하니** • 日(해 일)은 홀쭉이, 曰(말할 왈)은 뚱뚱이로 구별하세요.					
말할 왈		丨 冂 冃 曰					
		曰					

부수 결합하여 한자 만들기 ·

日	+	曰	=	昌
해 일		말할 왈		창성할 창

해(日)처럼 말(曰)을 밝게 해야 앞날이 창성하니
(말을 긍정적으로 밝게 해야 일이 잘 된다는 뜻입니다.)

72 4획	月	*이지러진 달의 모양 • 실제로 달은 둥글지만 이지러진 모양으로 보일 때가 많아 이렇게 만들었습니다					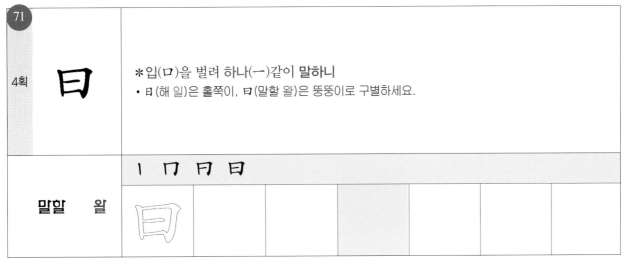
달 월		丿 刀 月 月					
		月					

부수 결합하여 한자 만들기 ·

日	+	月	=	明
해 일		달 월		밝을 명

해(日)와 달(月)이 비추면 밝으니

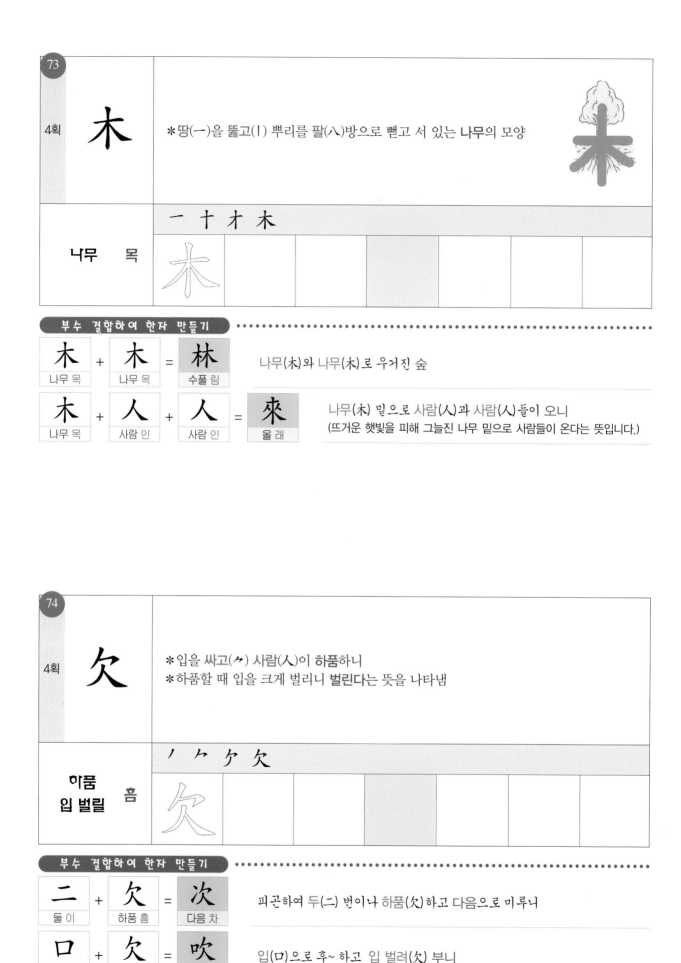

73			
4획	木	*땅(一)을 뚫고(l) 뿌리를 팔(八)방으로 뻗고 서 있는 **나무**의 모양	

一 十 才 木

나무 목	木						

부수 결합하여 한자 만들기

木 + 木 = 林
나무 목   나무 목   수풀 림

나무(木)와 나무(木)로 우거진 숲

木 + 人 + 人 = 來
나무 목   사람 인   사람 인   올 래

나무(木) 밑으로 사람(人)과 사람(人)들이 오니
(뜨거운 햇빛을 피해 그늘진 나무 밑으로 사람들이 온다는 뜻입니다.)

74			
4획	欠	*입을 싸고(ㄅ) 사람(人)이 **하품**하니 *하품할 때 입을 크게 벌리니 **벌린다**는 뜻을 나타냄	

丿 ㄅ ㄅ 欠

하품 입 벌릴 흠	欠						

부수 결합하여 한자 만들기

二 + 欠 = 次
둘 이   하품 흠   다음 차

피곤하여 두(二) 번이나 하품(欠)하고 다음으로 미루니

口 + 欠 = 吹
입 구   입 벌릴 흠   불 취

입(口)으로 후~ 하고 입 벌려(欠) 부니

一思多得

欠은 자전(한자사전)에 하품이라는 뜻 외에도 많은 뜻이 있지만 **입 벌린다**는 뜻은 없습니다.
그러나 본 *술술한자* 부수는 입을 벌려 하품하니 **입 벌린다**는 뜻을 제시하였습니다.
근거를 제시하자면

다음 한자의 공통점은 무엇일까요?
吹(불 취)　欱(들이마실 합)　欬(기침 해)　歌(노래 가)　飮(마실 음)

공통점은 欠 입니다

欠을 **하품**이라는 뜻으로만 본다면

吹(불 취)	하품하면서 어떻게 불고
欱(들이마실 합)	하품하면서 어떻게 들이마시고
欬(기침 해)	하품하면서 어떻게 기침하고
歌(노래 가)	하품하면서 어떻게 노래하고
飮(마실 음)	하품하면서 어떻게 마실까요?

欠 은 입 벌린다는 뜻이 되어야 합니다.

吹(불 취)	입 벌려 불고
欱(들이마실 합)	입 벌려 들이마시고
欬(기침 해)	입 벌려 기침하고
歌(노래 가)	입 벌려 노래하고
飮(마실 음)	입 벌려 마시겠죠?

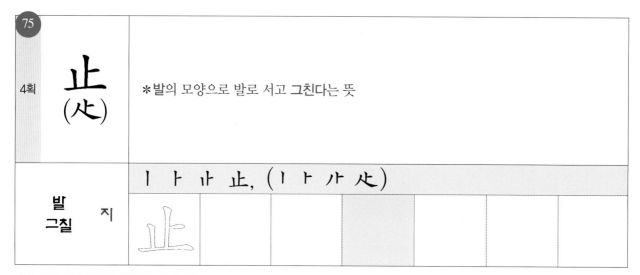

75		
4획	止 (㓲)	*발의 모양으로 발로 서고 그친다는 뜻

발 그칠 지	ㅣ ㅏ 止 止, (ㅣ ㅏ 止 㓲)

부수 결합하여 한자 만들기

止 + 少 = 步
발 지   작을 소   걸음 보

발(止)로 조금씩 작게(少) 걸으니

彡 + 㓲 = 辵
터럭 삼   발 지   뛸 착

터럭(彡)을 휘날리며 발(㓲)로 뛰니

一 + 止 = 正
한 일   그칠 지   바를 정

하나(一)의 잘못이라도 그쳐야(止) 바르니

76		
4획	歹	*하나(一)같이 대부분 저녁(夕)에 죽으니 • 死(죽을 사)의 변으로 쓰이기 때문에 '죽을 사 변' 이라고 합니다.

죽을 사 변	一 ㄱ 歹 歹

부수 결합하여 한자 만들기

歹 + 匕 = 死
죽을 사 변   비수 비   죽일 사

죽을(歹) 정도로 비수(匕)로 찔러 죽이니

歹 + 戈 + 戈 = 殘
죽을 사 변   창 과   창 과   잔인할 잔

죽을(歹) 정도로 창(戈)과 창(戈)으로 잔인하게 찌르니

止 는 자전(한자사전)에 없습니다. 부수로 인정하지 않기 때문입니다.
그러나 본 술술한자 부수는 발이라는 뜻을 가진 부수로 제시하였습니다.
근거를 제시하자면

다음 한자의 공통점은 무엇일까요?
疋(발 소) 足(발 족) 走(달릴 주) 辵(뛸 착)

공통점은 止 입니다.

止 를 발이라는 뜻을 가진 부수로 인정하면 쉽게 설명이 됩니다.

疋(발 소, 부수 101번 5획 참고)   발(止)을 나타내고
足(발 족, 부수 155번 7획 참고)   발(止)을 나타내고
走(달릴 주, 부수 154번 7획 참고)   발(止)로 달리고
辵(뛸 착, 부수 160번 7획 참고)   발(止)로 뛰고

止 와 止 는 발이라는 뜻을 가지고 있습니다.
그래서

疋(발 소)의 변형은? 疋
足(발 족)의 변형은? 足

止 가 止로 바뀐 것 입니다.

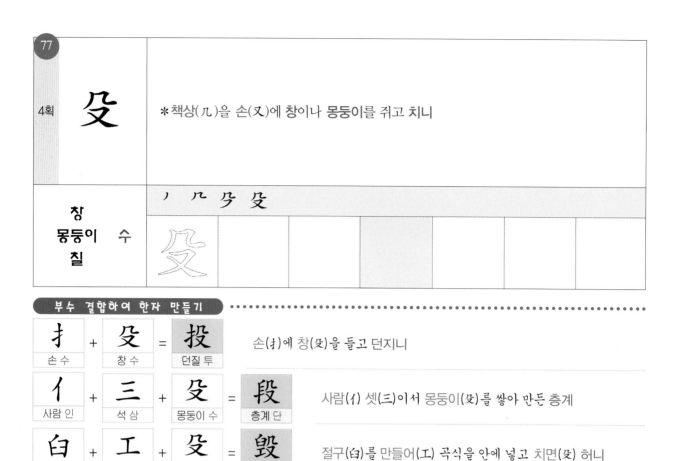

77 4획	殳	*책상(几)을 손(又)에 창이나 몽둥이를 쥐고 치니
창 몽둥이 칠 수	ノ 几 乃 殳	

부수 결합하여 한자 만들기 ···

才(손 수) + 殳(창 수) = 投(던질 투)
손(才)에 창(殳)을 들고 던지니

亻(사람 인) + 三(석 삼) + 殳(몽둥이 수) = 段(층계 단)
사람(亻) 셋(三)이서 몽둥이(殳)를 쌓아 만든 층계

臼(절구 구) + 工(만들 공) + 殳(칠 수) = 毇(헐 훼)
절구(臼)를 만들어(工) 곡식을 안에 넣고 치면(殳) 허니

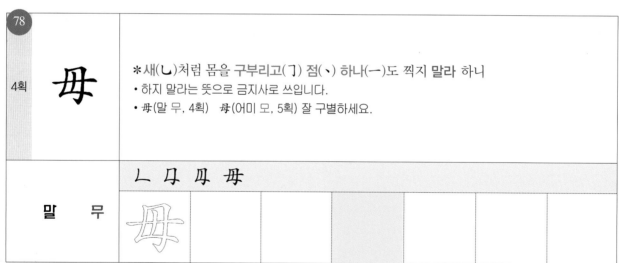

78 4획	毋	*새(乚)처럼 몸을 구부리고(フ) 점(丶) 하나(一)도 찍지 말라 하니 • 하지 말라는 뜻으로 금지사로 쓰입니다. • 毋(말 무, 4획) 母(어미 모, 5획) 잘 구별하세요.
말 무	乚 乊 毋 毋	

부수 결합하여 한자 만들기 ···

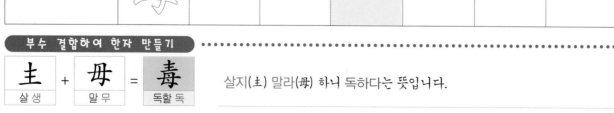

主(살 생) + 毋(말 무) = 毒(독할 독)
살지(主) 말라(毋) 하니 독하다는 뜻입니다.

79			
4획	比	＊두 사람이 나란히 구부리고(匕) 앉아 견주고 있는 모양 ・匕(구부릴 비, 2획) 比(나란할 비, 4획) 잘 구별하세요.	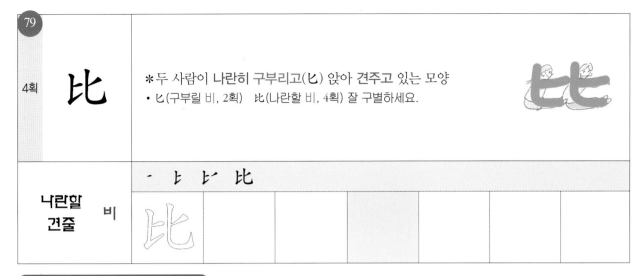

		一 ナ ナ 比						
나란할 견줄	비	比						

부수 결합하여 한자 만들기

扌 + 比 = 批
손 수   견줄 비   비평할 비

손(扌)으로 물건을 견주어(比) 보며 비평한다는 뜻입니다.

80			
4획	毛	＊끈(丿)처럼 두(二) 날개에서 펄럭이는 새(乚)의 털 ・手(손 수) 毛(털 모) 잘 구별하세요.	

		一 二 三 毛						
털	모	毛						

부수 결합하여 한자 만들기

亠 + 毛 = 毫
높을 고   털 모   가는 털 호

품질이 높은(亠) 털(毛)인 가는 털

81

( )안에 보기에서 정답을 찾아 쓰세요.

61	尸(戶)	*문짝이 한 개인 ( )의 모양 *외짝 문이 달려 있는 ( )의 뜻을 나타냄
62	手(扌)	*끈(丿) 두(二) 개와 갈고리(亅)를 쥐고 있는 ( )의 모양
63	支	*열(十) 개씩 또(又) ( )
64	攴(攵)	*점칠(卜) 때 손(又)으로 '폭' 소리가 나게 ( )
65	文	*머리(亠)로 생각하고 삐치고(丿) 파여(乀) 쓴 ( )
66	斗	*점(丶) 점(丶)이 모여 있는 곡식의 양을 열(十) 번을 기준으로 측정하는 ( )
67	斤	*자루 달린 ( )의 모양
68	方	*머리(亠)를 구부리고(ㄱ) 끈(丿)으로 묶어 뾰족하게 ( )가 난 모양
69	无(旡)	*한(一) 명의 절름발이(尢)도 ( )
70	日	*( )의 모양 *해가 지고 뜨는 것에 따라 날이 바뀌니 ( )이라는 뜻을 나타냄

( )안에 **보기**에서 **정답**을 찾아 쓰세요.

보기	말하니, 달, 나무, 하품, 벌린다, 발, 그친다, 둑으니, 창, 몽둥이, 치니, 말라, 나란히, 견주고, 털

71 曰 　＊입(口)을 벌려 하나(一)같이 ( )

72 月 　＊이지러진 ( )의 모양

73 木 　＊땅(一)을 뚫고(l) 뿌리를 팔(八)방으로 뻗고 서 있는 ( )의 모양

74 欠 　＊입을 싸고(勹) 사람(人)이 ( )하니
　　　＊하품할 때 입을 크게 벌리니 ( )는 뜻을 나타냄

75 止(龰) 　＊( )의 모양으로 발로 서고 ( )는 뜻

76 歹 　＊하나(一)같이 대부분 저녁(夕)에 ( )

77 殳 　＊책상(几)을 손(又)에 ( )이나 ( )를 쥐고 ( )

78 毋 　＊새(乚)처럼 몸을 구부리고(勹) 점(丶) 하나(一)도 찍지 ( ) 하니

79 比 　＊두 사람이 ( ) 구부리고(匕) 앉아 ( ) 있는 모양

80 毛 　＊끈(丿)처럼 두(二) 날개에서 펄럭이는 새(乚)의 ( )

	+	出 날 출	=	屈 굽힐 굴

지붕(尸)이 낮아서 밖으로 나오려고(出) 몸을 굽히니

亻 사람 인	+		=	仙 신선 선

사람(亻)이 산(山)에서 도를 닦으며 신선처럼 사니

	+	火 불 화	=	災 재앙 재

냇물(巛)이 불어나고 불(火)이 나서 생기는 재앙

氵 물 수	+		=	江 강 강

물(氵)이 모여서 만들어진(工) 강

	+	攵 칠 복	=	改 고칠 개

몸(己)을 쳐(攵) 잘못을 고치니
(회초리로 몸을 때리며 잘못을 고치라고 한다는 뜻입니다.)

	+	長 길 장	=	帳 장막 장

헝겊(巾)을 길게(長) 둘러친 장막
(장막 : 비바람을 피할 수 있도록 둘러치는 막)

日 해 일	+		=	旱 가물 한

해(日)를 방패(干)로라도 막아야 할 정도로 가무니
(날이 가물어 해를 방패로라도 가리고 싶다는 뜻입니다.)

	+	幺 어릴 요	+	夂 천천히 걸을 쇠	=	後 뒤 후

걸어서(彳) 어린(幺) 아이가 천천히 걸어(夂) 뒤따라오니

	+	生 날 생	=	性 성품 성

마음(忄)에서 나오는(生) 성품
(마음을 잘 먹으라고 하죠? 마음에서 성품이 나온다고 합니다.)

	+	廾 두손 잡을 공	=	戒 경계할 계

창(戈)을 두 손으로 잡고(廾) 적을 경계하니

다음 빈칸에 알맞은 **부수**를 넣어 **한자**를 완성하세요.

	+	方 사방 방	=	房 방 방

문(戶)을 사방(方)으로 낸 방

	+	目 눈 목	=	看 볼 간

손(手)을 눈(目) 위에 얹고 보니
(눈이 부셔서 손을 눈 위 이마에 얹어 빛을 가리고 본다는 뜻입니다.)

糸 실 사	+		=	紋 무늬 문

실(糸)로 글(文)을 써서 새긴 무늬
(실로 글을 써서 무늬를 새겼다는 뜻입니다. 자수 아시죠?)

米 쌀 미	+		=	料 헤아릴 료

쌀(米)의 양을 말(斗)로 헤아리니

木 나무 목	+		=	析 쪼갤 석

나무(木)를 도끼(斤)로 쪼개니

日 해 일	+		=	明 밝을 명

해(日)와 달(月)이 비추면 밝으니

口 입 구	+		=	吹 불 취

입(口)으로 후~ 하고 입 벌려(欠) 부니

	+	少 작을 소	=	步 걸음 보

발(止)로 조금씩 작게(少) 걸으니

	+	戈 창 과	+	戈 창 과	=	殘 잔인할 잔

죽을(歹) 정도로 창(戈)과 창(戈)으로 잔인하게 찌르니

扌 손 수	+		=	投 던질 투

손(扌)에 창(殳)을 들고 던지니

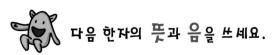 다음 한자의 뜻과 음을 쓰세요.

尢	尸	少	山	川 (巛)	工	己
巾	干	幺		广	廴	廾
弋	弓				彑 (彐)	彡
彳						心 (忄)(⺗)
戈						戶 (尸)
手 (扌)						支
攵 (攴)	文				斗	斤
方	旡 (无)	日		曰	月	木
欠	止 (止)	歹	殳	毋	比	毛

41-80번
형성평가

86

다음 뜻과 음을 지닌 한자를 쓰세요.

절름발이 왕	지붕 시	싹 날 철	산 산	내 천	만들 공	몸 기
헝겊 건	방패 간	작을 요		큰 집 엄	끌 인	스물 입
주살 익	활 궁				돼지 계	터럭 삼
걸을 척						마음 심
창 과						집 호
손 수						가를 지
칠 복	글월 문				말 두	도끼 근
사방 방	없을 무	해 일		말할 왈	달 월	나무 목
입 벌릴 흠	그칠 지	죽을 사 변	창 수	말 무	나란할 비	털 모

41-80번
형성평가

87

81			
4획	氏 (氏)(氏)	*얽히고설켜 있는 **뿌리**의 모양 *자신의 뿌리인 **성씨**를 뜻함	

		´ ㄷ ㅌ 氏, (´ ㄷ ㅌ 氏), (´ ㄷ 氏)					
뿌리 성	씨	氏					

부수 결합하여 한자 만들기

糸 (실 사) + 氏 (뿌리 씨) = 紙 (종이 지)

섬유질 실(糸)을 뿌리(氏)처럼 얽히고설켜서 만든 종이
(종이는 닥나무나 펄프 같은 식물의 섬유를 얽혀서 만듭니다.)

82			
4획	气	*사람(乛)들이 하나(一)같이 몸을 구부리고(乙) 기운을 쓰니	

		ノ 广 气 气					
기운	기	气					

부수 결합하여 한자 만들기

氵 (물 수) + 气 (기운 기) = 汽 (김 기)

물(氵)이 끓을 때 기운(气)차게 생기는 김(수증기)

83	水	* 흐르는 물의 모양
4획	(氺)(氵)	• 氺 : 발(아래)에 쓰일 때의 모양
		• 氵 : 변(왼쪽)에 쓰일 때의 모양으로 점(丶)이 셋이라서 '삼수 변' 이라고 합니다.
		• 冫(얼음 빙, 이수 변) 氵(물 수, 삼수 변) 잘 구별하세요.

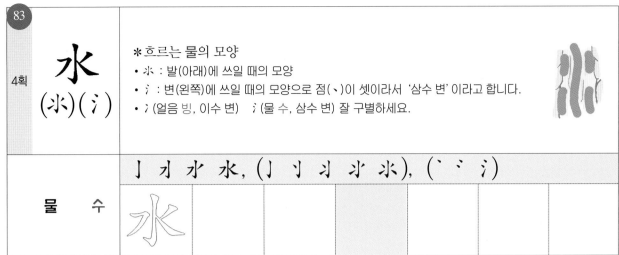

丿 刁 水 水 , (丿 刁 刁 氺 氺), (丶 丶 氵)

물 수	水						

부수 결합하여 한자 만들기

丶 + 水 = 永
점 주 ＋ 물 수 ＝ 길 영

점(丶) 같은 물(水)방울이 모여 길게 흐르니
(한 점 한 점 점처럼 생긴 물방울이 모여 강을 이루어 길게 흐른다는 뜻입니다.)

一 + 冖 + 氺 = 雨
하늘 일 ＋ 덮을 멱 ＋ 물 수 ＝ 비 우

하늘(一)을 덮은(冖) 구름에서 내리는 물(氺)방울이 비라는 뜻입니다.

氵 + 工 = 江
물 수 ＋ 만들 공 ＝ 강 강

물(氵)이 모여서 만들어진(工) 강

84	火	* 불이 타오르는 모양
4획	(灬)	• 灬 : 발(아래)에 쓰일 때의 모양으로 '불 화 발' 이라고 합니다.

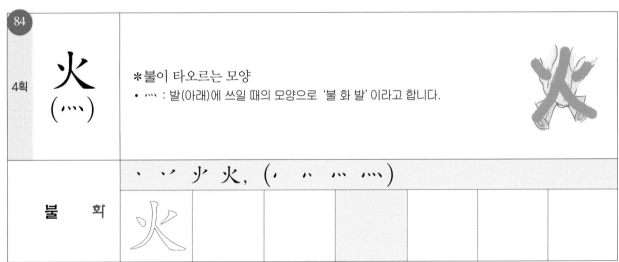

丶 丶丶 少 火 , (丶 丶丶 灬 灬)

불 화	火						

부수 결합하여 한자 만들기

火 + 火 = 炎
불 화 ＋ 불 화 ＝ 불탈 염

불(火)과 불(火)이 겹쳐 불타니

昭 + 灬 = 照
밝을 소 ＋ 불 화 ＝ 비출 조

밝게(昭) 불(灬)을 비추니

一思多得

水를 부수로 하는 한자

白(흰 백) + 水(물 수) = 泉(샘 천)　　　　희게(白) 맑은 물(水)이 솟아나는 샘

氵(물 수) + 皮(가죽 피) = 波(물결 파)　　물(氵)의 가죽(皮)에서 이는 물결

氵(물 수) + 先(먼저 선) = 洗(씻을 세)　　물(氵)에 먼저(先) 씻으니

氵(물 수) + 步(걸음 보) = 涉(건널 섭)　　물(氵)을 걸어서(步) 건너니

氵(물 수) + 每(매양 매) = 海(바다 해)　　물(氵)이 마르지 않고 매양(每) 있는 바다

火를 부수로 하는 한자

久(오랠 구) + 火(불 화) = 灸(뜸 구)　　　오랫동안(久) 불(火)을 붙여 뜸을 뜨니

巛(내 천) + 火(불 화) = 災(재앙 재)　　　냇물(巛)이 불어나고 불(火)이 나서 생기는 재앙

火(불 화) + 各(각각 각) = 烙(지질 락)　　불(火)로 각각(各) 지지니

包(쌀 포) + 灬(불 화) = 炰(구울 포)　　　싸(包) 불(灬)에 구우니

孰(누구 숙) + 灬(불 화) = 熟(익힐 숙)　　누구나(孰) 불(灬)에 익혀 먹으니

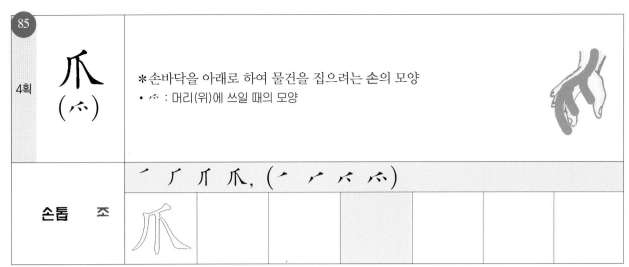

85 4획 爪 (爫)	＊손바닥을 아래로 하여 물건을 집으려는 손의 모양 • 爫 : 머리(위)에 쓰일 때의 모양

`ノ 厂 爪 爪, ( ノ ノ ヽ 爫 )`

손톱 조	爪						

부수 결합하여 한자 만들기 ·

爪 손톱 조	+	巴 뱀 파	=	爬 긁을 파

손톱(爪)으로 뱀(巴)처럼 기어 다니듯 긁으니

爫 손톱 조	+	見 볼 견	=	覓 찾을 멱

손톱(爫)으로 긁어 가며 보면서(見) 찾으니

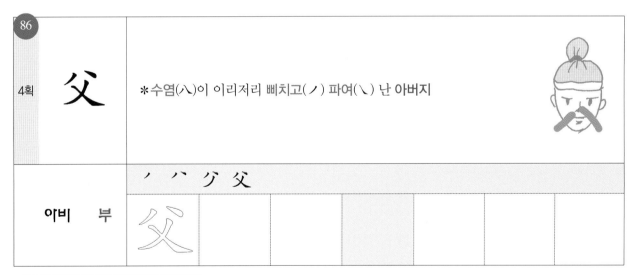

86 4획 父	＊수염(八)이 이리저리 삐치고(丿) 파여(丶) 난 **아버지**

`ノ ハ グ 父`

아비 부	父						

부수 결합하여 한자 만들기 ·

亠 머리 두	+	父 아비 부	=	交 사귈 교

머리(亠)로 생각해 보고 아버지(父)는 좋은 사람을 사귀니
(좋은 사람인지 머리로 생각해보고 사람을 가려서 사귄다는 뜻입니다.)

87 4획	爻	*삐치고(丿) 파여(乀) 엇갈리며 사귀니

엇갈릴 사귈 효	丿 乂 爻 爻					
	爻					

부수 결합하여 한자 만들기

臼 𦥑 절구 구	+	爻 사귈 효	+	冖 덮을 멱	+	子 아들 자	=	學 배울 학

절구(𦥑) 같은 교실에서 친구를 사귀며(爻)
무식으로 덮인(冖) 아들(子)이 배우니

| 88 4획 | 爿 (丬) | *장수가 나무를 세로로 자른 왼쪽의 조각 모양
• 한글 '爿' 변형은 '丬'로 기억하세요.
• 89번의 爿(조각 편)과 구별하기 위하여 '爿가 장수냐?'로 알아두세요.
• 장수 : 군사를 거느리는 우두머리 | 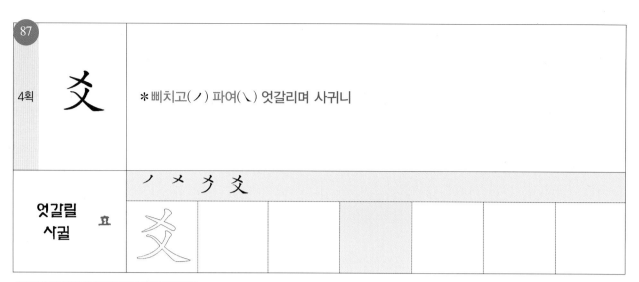 |
|---|---|---|---|

장수 조각 장	丄 丄 爿 爿, (丨 丬)					
	爿					

부수 결합하여 한자 만들기

爿 장수 장	+	士 선비 사	=	壯 씩씩할 장

장수(爿)처럼 선비(士)가 씩씩하니
(글공부만 한 선비가 장수처럼 씩씩하다는 뜻입니다.)

爿 조각 장	+	木 나무 목	=	牀 평상 상

조각(爿)을 내서 나무(木)로 만든 평상
(평상 : 앉거나 드러누워 쉴 수 있도록 만든 것)

丬 조각 장	+	攵 칠 복	=	收 거둘 수

곡식을 조각(丬)으로 쳐(攵) 거두니
(콩이나 깨 같은 곡식을 조각으로 쳐서 털어 거둔다는 뜻입니다.)

89		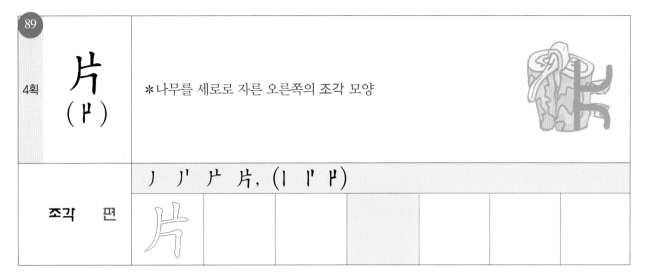
4획	片 (ﾉ)	*나무를 세로로 자른 오른쪽의 조각 모양

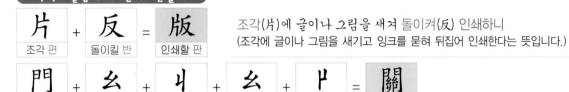

	ノ ノ゙ ゟ 片, (l l゙ ﾉ)
조각 편	片

부수 결합하여 한자 만들기 ....

片	+	反	=	版
조각 편		돌이킬 반		인쇄할 판

조각(片)에 글이나 그림을 새겨 돌이켜(反) 인쇄하니
(조각에 글이나 그림을 새기고 잉크를 묻혀 뒤집어 인쇄한다는 뜻입니다.)

門	+	幺	+		+	幺	+	ﾉ	=	關
문 문		작을 요		조각 장		작을 요		조각 편		빗장 관

문(門)을 작은(幺) 조각()과 작은(幺) 조각(ﾉ)으로 걸어 잠그는 빗장 (빗장 : 문을 닫고 가로질러 잠그는 막대기)

90		
4획	牙	*입속 깊숙이 숨겨(ㄷ) 있는 **어금니**를 갈고리(亅)나 끈(ノ)으로 묶어 빼내니 • ㄷ(숨을 혜) 쓰고 亅(갈고리) 내려 ノ(끈) 묶으세요.

	一 匚 牙 牙
어금니 아	牙

부수 결합하여 한자 만들기 ....

牙	+	阝	=	邪
어금니 아		고을 읍		간사할 사

어금니(牙)를 악물고 고을(阝)에 침입한 간사한 무리를 치니

	91			
4획	牛 (牜)(牛)	*사람(ㄥ)에게 많은(十) 이로움을 주는 소 • 牜 : 변(왼쪽)에 쓰일 때의 모양으로 '소 우 변' 이라고 합니다. • 牛 : 머리(위)에 쓰일 때의 모양		

소 우	ノ 十 亠 牛 , (ノ ㆍ 牜 牜), (ノ ㆍ 牜 牛)					
	牛					

부수 결합하여 한자 만들기 ⋯⋯⋯⋯⋯⋯⋯⋯⋯⋯⋯⋯⋯⋯⋯⋯⋯⋯⋯⋯⋯⋯⋯⋯⋯⋯⋯⋯⋯⋯⋯⋯

亻 + 牛 = 件
사람 인 　소 우 　물건 건

사람(亻)에게 소(牛)는 중요한 물건이니

牛 + 童 = 犝
소 우 　아이 동 　송아지 동

소(牜)의 아이(童)는 송아지라고 부르니

牛 + 口 = 告
소 우 　입 구 　알릴 고

소(牛)를 제물로 바치고 입(口)으로 소원을 알리니

	92			
4획	犬 (犭)	*하나(一)같이 사람(人) 옆에서 점(丶)처럼 따라다니는 개 • 犭 : 변(왼쪽)에 쓰일 때의 모양으로 '개사슴록 변' 이라고 합니다. • 扌(손 수) 牜(소 우) 犭(개 견) 잘 구별하세요.		

개 견	一 ナ 大 犬 , (ノ 犭 犭)					
	犬					

부수 결합하여 한자 만들기 ⋯⋯⋯⋯⋯⋯⋯⋯⋯⋯⋯⋯⋯⋯⋯⋯⋯⋯⋯⋯⋯⋯⋯⋯⋯⋯⋯⋯⋯⋯⋯⋯

口 + 犬 = 吠
입 구 　개 견 　짖을 폐

입(口)으로 개(犬)가 짖으니

犭 + 王 = 狂
개 견 　임금 왕 　미칠 광

개(犭)처럼 왕(王)이 미쳐 날뛰니

一思多得

우리말에서 낱말 앞에 **개**가 붙으면 안 좋은 의미가 되죠?
예를 들어
고생 ⇒ 개고생
망신 ⇒ 개망신

한자도 부수 犭자가 들어간 글자는 안 좋은 의미가 됩니다.

犴(들개 안)   狂(미칠 광)   狄(오랑캐 적)

狐(여우 호)   狡(교활할 교)   狼(이리 랑)

獷(사나울 광)

93 5획	玄	*머리(亠)는 작고(幺) 검으니 • 몸에서 머리는 다른 부분에 비해 작고 검다는 뜻입니다.

`丶 一 亠 玄 玄`

검을 현	玄						

부수 결합하여 한자 만들기 ···

玄 (검을 현) + 玄 (검을 현) = 玆 (검을 자)   검고(玄) 검어(玄) 더욱 검다는 뜻입니다.

94 5획	玉 (王)	*하나(一)같이 땅(土)에서 불꽃(丶)처럼 빛나는 옥 • 王 : 변(왼쪽)에 쓰일 때의 모양으로 '구슬 옥 변' 이라고 합니다. • 玉 : (구슬 옥)으로 쓰일 수도 있고, (임금 왕)으로 쓰일 수도 있습니다.	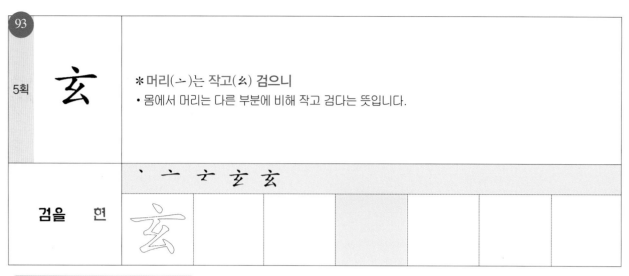

`一 二 干 王 玉, ( 一 二 干 王 )`

구슬 옥	玉						

부수 결합하여 한자 만들기 ···

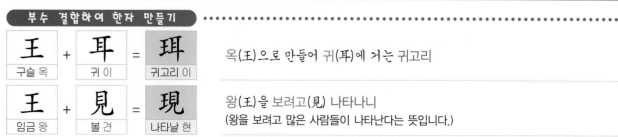

王 (구슬 옥) + 耳 (귀 이) = 珥 (귀고리 이)   옥(玉)으로 만들어 귀(耳)에 거는 귀고리

王 (임금 왕) + 見 (볼 견) = 現 (나타날 현)   왕(王)을 보려고(見) 나타나니
(왕을 보려고 많은 사람들이 나타난다는 뜻입니다.)

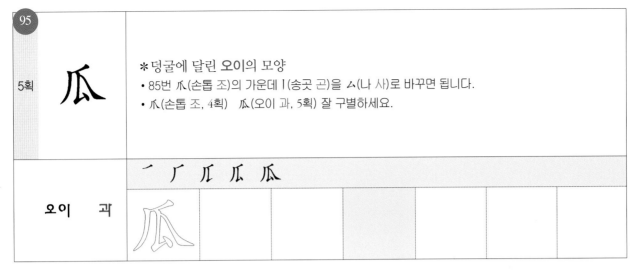

95 5획 瓜	*덩굴에 달린 **오이**의 모양 • 85번 爪(손톱 조)의 가운데 ㅣ(송곳 곤)을 ㅿ(나 사)로 바꾸면 됩니다. • 爪(손톱 조, 4획) 瓜(오이 과, 5획) 잘 구별하세요.

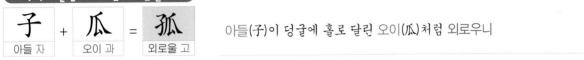

오이 과	瓜						

부수 결합하여 한자 만들기

子 + 瓜 = 孤
아들 자   오이 과   외로울 고

아들(子)이 덩굴에 홀로 달린 오이(瓜)처럼 외로우니

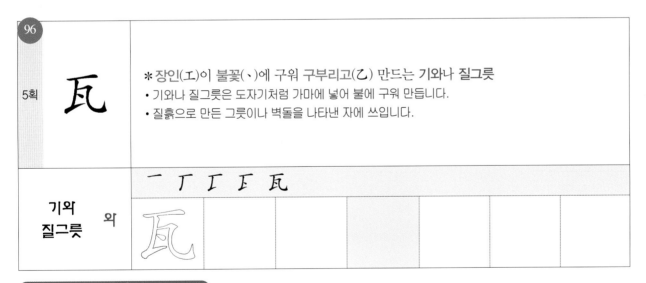

96 5획 瓦	*장인(工)이 불꽃(丶)에 구워 **구부리고(乙)** 만드는 **기와나 질그릇** • 기와나 질그릇은 도자기처럼 가마에 넣어 불에 구워 만듭니다. • 질흙으로 만든 그릇이나 벽돌을 나타낸 자에 쓰입니다.

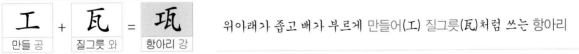

기와 질그릇 와	瓦						

부수 결합하여 한자 만들기

工 + 瓦 = 瓨
만들 공   질그릇 와   항아리 강

위아래가 좁고 배가 부르게 만들어(工) 질그릇(瓦)처럼 쓰는 항아리

97 5획	甘	*혀 위에 단 음식이 놓여 있는 모양	
달 감	一 十 卄 廿 甘 甘					

부수 결합하여 한자 만들기 ··

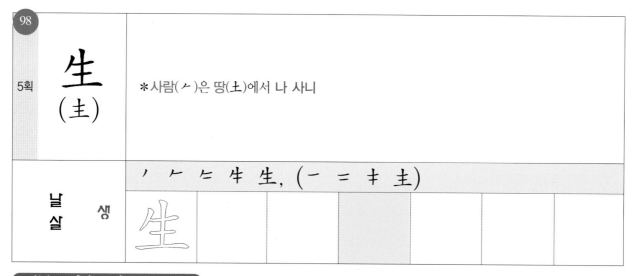

甘	+	舌	=	恬
달 감		혀 설		달 첨

달도록(甘) 혀(舌)로 맛보며 조리하여 달다는 뜻입니다.

98 5획	生 (主)	*사람(亻)은 땅(土)에서 나 사니	
날 살 생	ノ ヒ ヒ 牛 生, (一 ニ ‡ 主)					

부수 결합하여 한자 만들기 ··

日	+	生	=	星
해 일		날 생		별 성

해(日)처럼 빛이 나는(生) 별

主	+	毋	=	毒
살 생		말 무		독할 독

살지(主) 말라(毋) 하니 독하다는 뜻입니다.

99		
5획	用	*성(冂) 두(二) 개를 뚫고(ㅣ) 들어가 쓰니
		ノ 几 月 月 用
쓸 용	用						

부수 결합하여 한자 만들기

亻 + 艹 + 厂 + 用 = 備
사람 인 + 풀 초 + 바위 엄 + 쓸 용 = 갖출 비

사람(亻)이 풀(艹)을 바위(厂) 밑에 쓰려고(用) 갖추어 두니

100		
5획	田	*경계 지은 밭의 모양 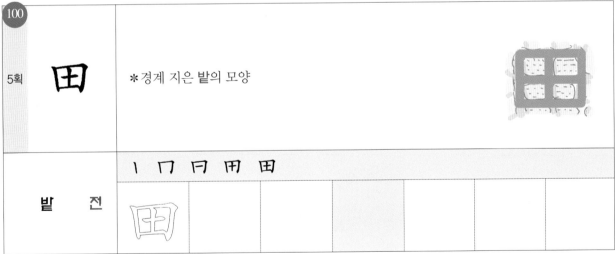
		ㅣ 冂 日 田 田
밭 전	田						

부수 결합하여 한자 만들기

水 + 田 = 畓
물 수 + 밭 전 = 논 답

물(水)을 밭(田)에 대면 논이 되니

田 + 力 = 男
밭 전 + 힘 력 = 사내 남

밭(田)에서 힘(力)써 일하는 사내

( )안에 보기에서 정답을 찾아 쓰세요.

보기 | 뿌리, 성씨, 기운, 물, 불, 손, 아버지, 엇갈리며 사귀니, 장수, 조각, 조각, 어금니

| 81 | 氏 (氐)(氏) | *얽히고설켜 있는 ( )의 모양
*자신의 뿌리인 ( )를 뜻함 |

| 82 | 气 | *사람(⺊)들이 하나(一)같이 몸을 구부리고(乙) ( )을 쓰니 |

| 83 | 水 (氺)(氵) | *흐르는 ( )의 모양 |

| 84 | 火 (灬) | *( )이 타오르는 모양 |

| 85 | 爪 (爫) | *손바닥을 아래로 하여 물건을 집으려는 ( )의 모양 |

| 86 | 父 | *수염(八)이 이리저리 삐치고(丿) 파여(乀) 난 ( ) |

| 87 | 爻 | *삐치고(丿) 파여(乀) ( ) |

| 88 | 爿 (丬) | *( )가 나무를 세로로 자른 왼쪽의 ( ) 모양 |

| 89 | 片 (爿) | *나무를 세로로 자른 오른쪽의 ( ) 모양 |

| 90 | 牙 | *입속 깊숙이 숨겨(匚) 있는 ( )를 갈고리(亅)나 끈(丿)으로 묶어 빼내니 |

( )안에 **보기**에서 **정답**을 찾아 쓰세요.

91	牛 (牜) (牛)	*사람(ㅅ)에게 많은(十) 이로움을 주는 ( )
92	犬 (犭)	*하나(一)같이 사람(人) 옆에서 점(丶)처럼 따라다니는 ( )
93	玄	*머리(亠)는 작고(幺) ( )
94	玉 (王)	*하나(一)같이 땅(土)에서 불꽃(丶)처럼 빛나는 ( )
95	瓜	*덩굴에 달린 ( )의 모양
96	瓦	*장인(工)이 불꽃(丶)에 구워 구부리고(乙) 만드는 ( )나 ( )
97	甘	*혀 위에 ( ) 음식이 놓여 있는 모양
98	生 (生)	*사람(ㅅ)은 땅(土)에서 ( )
99	用	*성(冂) 두(二) 개를 뚫고(丨) 들어가 ( )
100	田	*경계 지은 ( )의 모양

101	疋 (疋)	*무릎(◞) 아래의 장딴지와 발(止)을 본뜬 모양 • '짝 필' 이라고도 합니다. • 𤴓 : 변(왼쪽)에 쓰일 때의 모양
5획		

		⟋ ⟍ 下 疋 疋, (⟋ ⟀ ⟁ 𤴓 正)
발 소		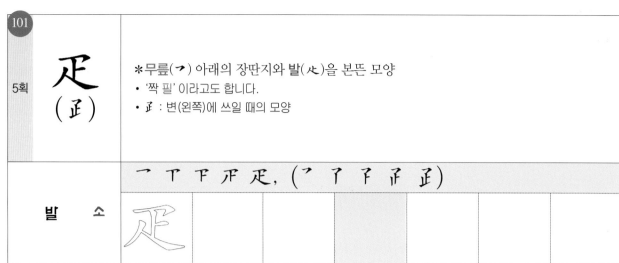

부수 결합하여 한자 만들기 ••••••••••••••••••••••••••••••••••••

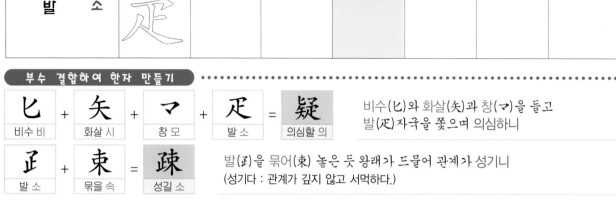

匕 + 矢 + マ + 疋 = 疑
비수비 / 화살 시 / 창 모 / 발 소 / 의심할 의

비수(匕)와 화살(矢)과 창(マ)을 들고
발(疋)자국을 쫓으며 의심하니

𤴓 + 束 = 疏
발 소 / 묶을 속 / 성길 소

발(𤴓)을 묶어(束) 놓은 듯 왕래가 드물어 관계가 성기니
(성기다 : 관계가 깊지 않고 서먹하다.)

102	疒	*큰 집(广)에서 얼음(冫)으로 치료하는 병 • '병들어 기댈 녁' 이라고도 합니다. • 厂 (바위 엄) 广 (큰 집 엄) 疒 (병질 엄) 잘 구별하세요.
5획		

		丶 一 广 广 疒
병질 엄		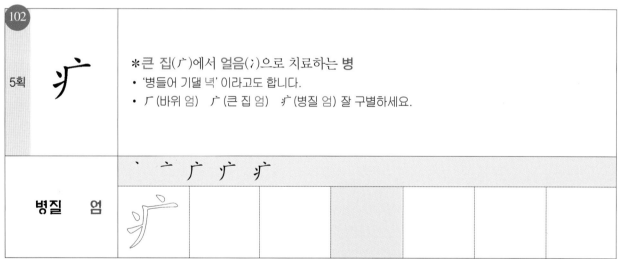

부수 결합하여 한자 만들기 ••••••••••••••••••••••••••••••••••••

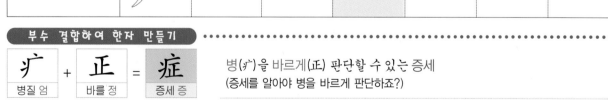

疒 + 正 = 症
병질 엄 / 바를 정 / 증세 증

병(疒)을 바르게(正) 판단할 수 있는 증세
(증세를 알아야 병을 바르게 판단하죠?)

103		
5획	癶	*두 발을 엇갈려 **걸어가는** 모양 • '캬' 하며 걸어간다. 로 기억하세요. • 發(필 발)의 머리(위)에 쓰이기 때문에 '필 발 머리' 라고도 합니다.

	ノ フ ヺ ヺ 癶						
걸을 발	癶						

부수 결합하여 한자 만들기

 + 豆 = 登
걸을 발   제기 두   오를 등

걸어서(癶) 제기(豆)를 들고 신전에 오르니
(신에게 제사 지내려고 제기를 들고 신전에 올라간다는 뜻입니다.)

104		
5획	白	*끈(ノ) 같은 햇빛(日)이 비추니 밝고 희다. • 해(日)가 내쏘는 광선(햇빛)을 끈(ノ) 같다고 표현한 겁니다.	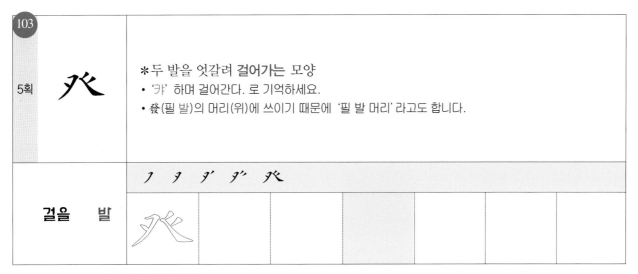

	ノ ノ 白 白 白						
밝을 흰 백	白						

부수 결합하여 한자 만들기

白 + 勹 + 丶 = 的
흰 백   쌀 포   점 주   과녁 적

흰(白) 바탕에 싸여(勹) 있는 점(丶) 같은 과녁
(과녁은 흰 바탕에 가운데 점처럼 색이 칠해져 있죠?)

105 5획	皮	*가죽(厂)을 송곳(ㅣ)을 손(又)에 쥐고 뚫는 모양	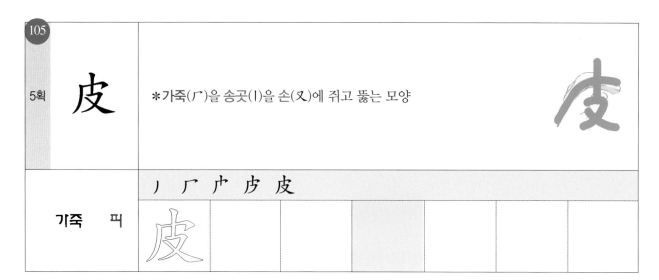

	㇒ 厂 宀 戶 皮						
가죽 피	皮						

부수 결합하여 한자 만들기

衤	+	皮	=	被
옷 의		가죽 피		입을 피

옷(衤)을 가죽(皮)으로 만들어 입으니

106 5획	皿	*위가 널찍하고 아래에 받침이 있는 그릇 모양	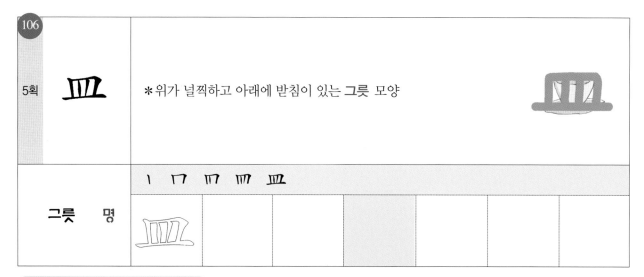

	㇒ 冂 冂 皿 皿						
그릇 명	皿						

부수 결합하여 한자 만들기

般	+	皿	=	盤
옮길 반		그릇 명		소반 반

음식을 옮길(般) 때 쓰는 그릇(皿)은 소반이니
(소반 : 자그마한 밥상)

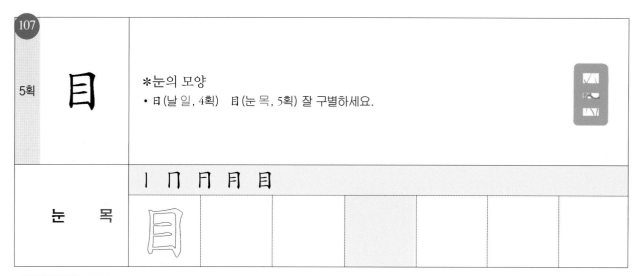

107 5획	目	*눈의 모양 • 日(날 일, 4획) 目(눈 목, 5획) 잘 구별하세요.

		丨 冂 冃 冃 目						
눈 목		目						

부수 결합하여 한자 만들기

手 + 目 = 看
손 수   눈 목   볼 간

손(手)을 눈(目) 위에 얹고 보니
(눈이 부셔서 손을 눈 위 이마에 얹어 빛을 가리고 본다는 뜻입니다.)

亡 + 目 = 盲
망할 망   눈 목   소경 맹

망한(亡) 눈(目)이면 소경이니
(소경 : 눈먼 사람)

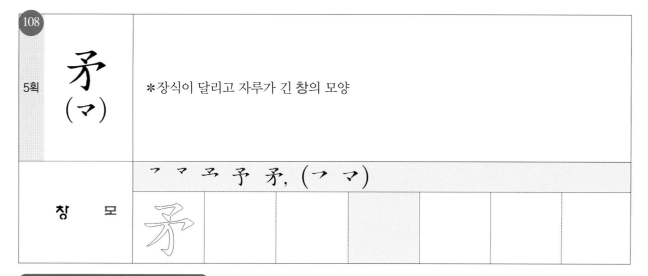

108 5획	矛 (マ)	*장식이 달리고 자루가 긴 창의 모양

		ㄱ マ ㅈ 予 矛, (ㄱ マ)						
창 모		矛						

부수 결합하여 한자 만들기

矛 - ノ = 予
창 모   끈 별   나/줄 여

창(矛)에서 끈(ノ)을 떼어 나에게 줄래?

マ + 用 + 辶 = 通
창 모   쓸 용   뛸 착   통할 통

창(マ)을 쓰며(用) 뛰어(辶)가 적진을 통과하니
(적에게 포위되어 창을 휘두르며 통과한다는 뜻입니다.)

109 5획	矢	*사람(𠂉)이 활로 쏘려고 만든 큰(大) 화살의 모양 • 矢(화살 시) 失(잃을 실) 잘 구별하세요.

	ノ ㇒ ㇐ 午 矢						
화살 시	矢						

부수 결합하여 한자 만들기

矢	+	口	=	知
화살 시		입 구		알 지

화살(矢)처럼 입(口)으로 빠르게 말할 수 있으니 알지
(아는 것은 빠르게 말할 수 있다는 뜻입니다.)

110 5획	石	*바위(厂) 밑에 있는 돌(口) 모양 • 石(돌 석) 右(오른쪽 우) 잘 구별하세요.

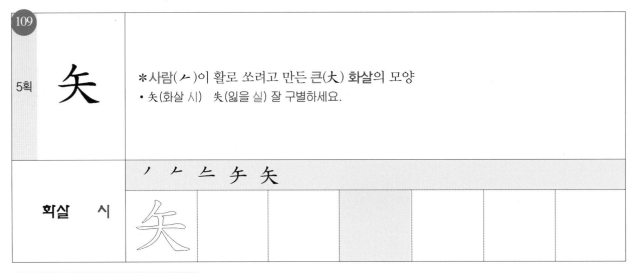

	㇐ ㇆ 丆 石 石						
돌 석	石						

부수 결합하여 한자 만들기

石	+	少	=	砂
돌 석		적을 작을 소		모래 사

돌(石)이 작아져서(少) 된 모래
(돌이 부딪쳐 깨지면 작아져서 모래가 된다는 뜻입니다.)

111 5획	示 (ネ)	*하늘땅(二)의 작은(小) 일도 살펴 길흉을 보이는 신 • ネ : 변(왼쪽)에 쓰일 때의 모양으로 '보일 시 변' 이라고 합니다.

보일 시	一 二 亍 示 示, (丶 亍 ネ ネ)					
	示					

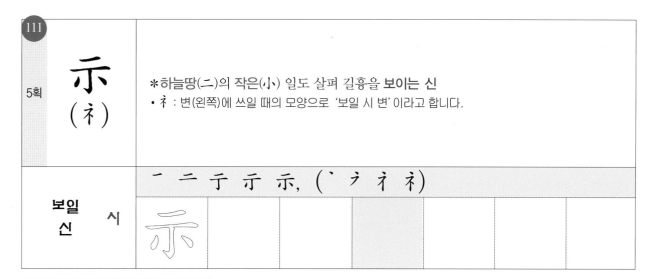

부수 결합하여 한자 만들기

示 (보일 시) + 且 (또 차) = 祖 (할아비 조) 　보이면(示) 또(且) 절해야 하는 할아버지

示 (신 시) + 見 (볼 견) = 視 (살필 시) 　신(示)이 보아(見) 살피니

112 5획	禸	*성(冂) 안을 사사로이(厶) 걸어 다니는 짐승

짐승 유	丨 冂 内 内 禸					
	禸					

부수 결합하여 한자 만들기

艹 (풀 초) + 日 (해 일) + 禸 (짐승 유) = 萬 (많을 만) 　풀(艹)밭에 해(日)가 지면 짐승(禸)이 많이 다닌다는 뜻입니다.

亠 (머리 두) + 凶 (흉할 흉) + 禸 (짐승 유) + 隹 (새 추) = 離 (떠날 리) 　머리(亠) 위에서 흉한(凶) 짐승(禸)을 보고는 새(隹)가 떠나니

113 5획	禾	*이삭을 삐치고(丿) 나무(木)처럼 서 있는 **벼**의 모양	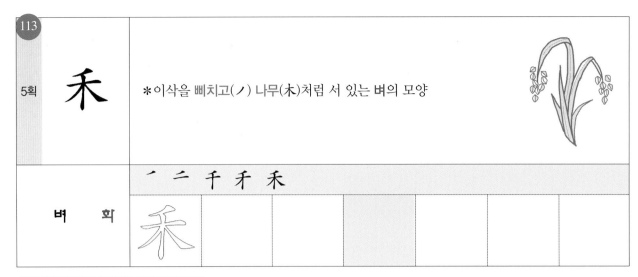

	一 二 千 禾 禾						
벼 화	禾						

부수 결합하여 한자 만들기

禾 벼 화	+ 多 많을 다	= 移 옮길 이

벼(禾)가 많이(多) 자라면 옮겨 심으니
(못자리의 벼가 많이 자라면 논에 옮겨 심는다는 뜻입니다. 모내기 아시죠?)

禾 벼 화	+ 火 불 화	= 秋 가을 추

벼(禾)가 불(火) 같은 햇빛에 익어 가는 계절은 가을이니

114 5획	穴	*집(宀)에 팔(八)방으로 뚫은 **구멍** • 집에 문이나 창문을 내려고 벽에 구멍을 뚫는다는 뜻입니다.

	丶 丶 宀 宀 穴						
구멍 혈	穴						

부수 결합하여 한자 만들기

穴 구멍 혈	+ 工 만들 공	= 空 빌 공

구멍(穴)을 뚫어 만들면(工) 속이 비니

108

115 5획	立	*머리(亠)로 생각하고 나누어(ㅛ) 땅(一)에 세우니

	` ㅡ ㅗ 立 立						
설 립	立						

부수 결합하여 한자 만들기 •

立 설 립	+	立 설 립	=	竝 나란히 병

두 사람이 나란히 서(효) 있으니

116 6획	竹 (⺮)	*사람(⺈)이 송곳(丨)과 사람(⺈)이 갈고리(丨)를 만드는 대나무 • ⺮ : 머리(위)에 쓰일 때의 모양으로 '대 죽 머리'라고 합니다. • 종이가 발명되기 전에는 대를 쪼개어 조각을 엮어서 그 위에 글을 쓰고 하였습니다.

	ノ ㅅ ㅆ ㅆ ㅆ 竹, (ノ ㅅ ㅆ ㅆ ㅆ ⺮)						
대 죽	竹						

부수 결합하여 한자 만들기 •

⺮ 대 죽	+	聿 붓 율	=	筆 글씨 쓸 필

대(⺮)로 붓(聿)을 만들어 글씨를 쓰니

⺮ 대 죽	+	合 합할 합	=	答 대답할 답

대(⺮)를 쪼개어 조각을 합해서(合) 그 위에 글을 써서 대답했다는 뜻입니다.

117 6획	米	＊농부의 손길이 팔(丷) 십(十) 팔(八) 번 가야 나오는 쌀

	`丶 丷 二 半 米 米`						
쌀 미	米						

부수 결합하여 한자 만들기 ·································

米 + 分 = 粉
쌀 미 ＋ 나눌 분 ＝ 가루 분

쌀(米)을 나누어(分) 만든 가루

气 + 米 = 氣
기운 기 ＋ 쌀 미 ＝ 기운 기

기운(气)을 내려고 쌀(米)로 밥을 해서 먹고 기운이 생긴다는 뜻입니다.

118 6획	糸 (糹)	＊작고(幺) 작은(小) 실타래 모양 • 변형은 작을 소(小) 대신 점(丶) 셋을 찍으면 됩니다.	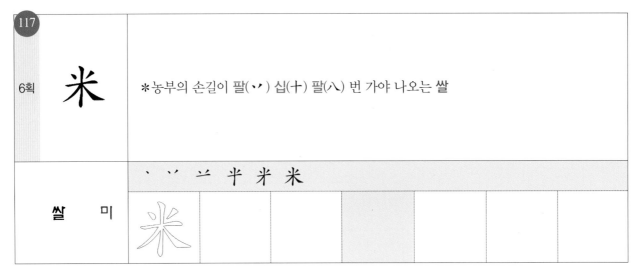

	`乀 纟 纟 幺 糸 糸, (乀 纟 纟 幺 糹 糹)`						
실 사	糸						

부수 결합하여 한자 만들기 ·································

丿 + 糸 = 系
끈 별 ＋ 실 사 ＝ 이을 계

끈(丿)과 실(糸)을 이으니

糸 + 且 = 組
실 사 ＋ 또 차 ＝ 짤 조

실(糸)로 또(且) 베를 짜니

一思多得

나이와 별칭

15세 志學(지학) 공자님이 15세에 학문에 뜻을 두었다고 합니다.

16세 二八(이팔) $2 \times 8 = 16$ 二八靑春(이팔청춘) 들어 보셨죠?
瓜年(과년) 瓜(오이 과)를 나누면 八(여덟 팔)이 두 번 나옵니다.

18세 芳年(방년) 스무 살 안팎의 젊은 여자의 꽃다운 나이

20세 弱冠(약관) 弱(약할 약)은 아직 약하나 어른이 되었다는 뜻이고, 冠(갓 관)은 성년이 되면 쓰는 갓인데 옛날에는 남자 나이 스물이 되면 관례를 올려 성인으로 대우하였습니다.

30세 而立(이립) 몸을 바로 세워 가정과 사회에 모든 기반을 닦는다는 뜻

40세 不惑(불혹) 세상일에 미혹함이 없다는 뜻

50세 知命(지명) 知天命(지천명)이라고도 하며 하늘의 뜻을 알았고

60세 耳順(이순) 진리를 들을 만큼 귀가 순해졌고

61세 回甲(회갑) 60갑자 지나고 다시 태어난 해가 된다는 뜻

70세 古稀(고희) 두보의 시 '곡강'에 나오는 人生七十古來稀(인생 70은 예로부터 드물다.)에서 유래된 말
從心(종심) 공자님이 70세에 이르러 마음이 하고자 하는 대로 행하여도 하늘에 위배됨이 없다는 뜻

80세 八旬(팔순) 八(여덟 팔) $\times$ 旬(열흘 순) = 80 $8 \times 10 = 80$

88세 米壽(미수) 米(쌀 미)를 나누면 八十八(팔십팔)이 됩니다.

90세 卒壽(졸수) 卒(군사 졸)의 속자가 九(아홉 구) 아래 十(열 십)을 쓴 것(卆)

99세 白壽(백수) 百(일백 백)에서 一(한 일)을 빼면 白자가 됨 $100-1 = 99$

100세 上壽(상수) 사람의 수명 중 최고의 수명이란 뜻

天壽(천수) 병 없이 하늘이 내려준 나이를 다 살았다는 뜻

119 6획	缶	*사람(⺈)이 많이(十) 마실 수 있는 큰 그릇(凵)인 장군 • 장군 : 물, 술, 간장 따위의 액체를 넣어두는 배가 불룩하고 목이 좁은 그릇	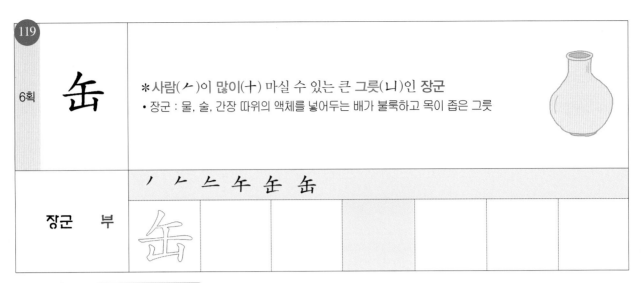

장군　부	ノ ⺅ 乍 午 缶 缶					
	缶					

**부수 결합하여 한자 만들기** •

缶 장군 부	+	工 만들 공	=	缸 항아리 항

장군(缶)처럼 배를 불룩하게 만든(工) 항아리

120 6획	网 (罒)(罓)	*물고기나 새를 잡는 그물의 모양 *사람은 잘못을 하면 법망에 걸리니 **법망**의 뜻을 나타냄 • 皿(그릇 명)　罒(법망 망) 잘 구별하세요.	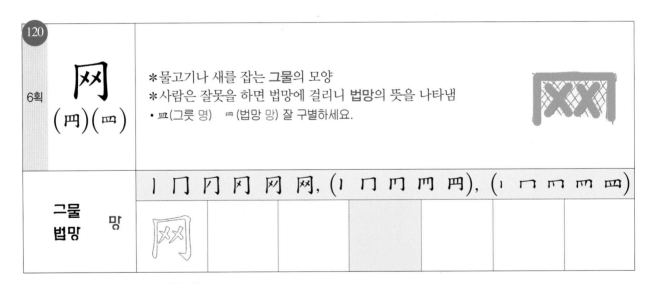

그물 **법망**　망	丨 冂 冈 冈 网 网, (丨 冂 冂 冂 罓), (丨 冂 冂 罒 罒)				
	网				

**부수 결합하여 한자 만들기** •

罒 그물 망	+	糸 실 사	+	隹 새 추	=	羅 벌릴 라

그물(罒)을 실(糸)로 짜 새(隹)를 잡으려고 벌려 놓으니

罒 법망 망	+	言 말씀 언	+	刂 칼 도	=	罰 벌할 벌

법망(罒)에 걸린 자를 말(言)과 칼(刂)로 벌하니

罒을 부수로 하는 한자

羅(벌릴 라)   그물(罒)을 실(糸)로 짜 새(隹)를 잡으려고 벌려 놓으니

置(둘 치)   그물(罒)을 곧게(直) 펴 두니

署(관청 서)   법망(罒)으로 사람(者)들을 다스리는 관청

罪(허물 죄)   법망(罒)에 걸리는 옳지 아니한(非) 죄

罰(벌할 벌)   법망(罒)에 걸린 자를 말(言)과 칼(刂)로 벌하니

( )안에 보기에서 정답을 찾아 쓰세요.

101 　疋(正)　*무릎(㇇) 아래의 장딴지와 ( )(止)을 본뜬 모양

102 　疒　*큰집(广)에서 얼음(冫)으로 치료하는 ( )

103 　癶　*두 발을 엇갈려 ( ) 모양

104 　白　*끈(丿) 같은 햇빛(日)이 비추니 ( ).

105 　皮　*( )(广)을 송곳(丨)을 손(又)에 쥐고 뚫는 모양

106 　皿　*위가 널찍하고 아래에 받침이 있는 ( ) 모양

107 　目　*( )의 모양

108 　矛(マ)　*장식이 달리고 자루가 긴 ( )의 모양

109 　矢　*사람(亼)이 활로 쏘려고 만든 큰(大) ( )의 모양

110 　石　*바위(厂) 밑에 있는 ( )(口) 모양

( )안에 **보기**에서 **정답**을 찾아 쓰세요.

111   示 (ネ)   *하늘땅(二)의 작은(小) 일도 살펴 길흉을 ( )

112   禸   *성(冂) 안을 사사로이(ㄤ) 걸어 다니는 ( )

113   禾   *이삭을 삐치고(丿) 나무(木)처럼 서 있는 ( )의 모양

114   穴   *집(宀)에 팔(八)방으로 뚫은 ( )

115   立   *머리(亠)로 생각하고 나누어(丷) 땅(一)에 ( )

116   竹 (𥫗)   *사람(个)이 송곳(丨)과 사람(个)이 갈고리(亅)를 만드는 ( )

117   米   *농부의 손길이 팔(丷) 십(十) 팔(八) 번 가야 나오는 ( )

118   糸 (糹)   *작고(幺) 작은(小) ( ) 모양

119   缶   *사람(个)이 많이(十) 마실 수 있는 큰 그릇(凵)인 ( )

120   网 (罒)(罓)   *물고기나 새를 잡는 ( )의 모양
                      *사람은 잘못을 하면 법망에 걸리니 ( )의 뜻을 나타냄

氵 + ☐ = 汽
물 수 / 김 기

물(氵)이 끓을 때 기운(气)차게 생기는 김

丶 + ☐ = 永
점 주 / 길 영

점(丶) 같은 물(水)방울이 모여 길게 흐르니(한 점 한 점 점처럼 생긴 물방울이 모여 강을 이루어 길게 흐른다는 뜻입니다.)

昭 + ☐ = 照
밝을 소 / 비출 조

밝게(昭) 불(灬)을 비추니

☐ + 見 = 覓
볼 견 / 찾을 멱

손톱(爫)으로 긁어 가며 보면서(見) 찾으니

☐ + 士 = 壯
선비 사 / 씩씩할 장

장수(爿)처럼 선비(士)가 씩씩하니
(글공부만 한 선비가 장수처럼 씩씩하다는 뜻입니다.)

☐ + 反 = 版
돌이킬 반 / 인쇄할 판

조각(片)에 글이나 그림을 새겨 돌이켜(反) 인쇄하니

☐ + 口 = 告
입 구 / 알릴 고

소(牛)를 제물로 바치고 입(口)으로 소원을 알리니

☐ + 王 = 狂
임금 왕 / 미칠 광

개(犭)처럼 왕(王)이 미쳐 날뛰니

日 + ☐ = 星
해 일 / 별 성

해(日)처럼 빛이 나는(生) 별

☐ + 力 = 男
힘 력 / 사내 남

밭(田)에서 힘(力)써 일하는 사내

116

다음 빈칸에 알맞은 **부수**를 넣어 **한자**를 완성하세요.

| □ | + | 正
바를 정 | | = | 症
증세 증 | 병(疒)을 바르게(正) 판단할 수 있는 증세
(증세를 알아야 병을 바르게 판단하죠?) |
| □ | + | 勹
쌀 포 | + | 丶
점 주 | = 的
과녁 적 | 흰(白) 바탕에 싸여(勹) 있는 점(丶) 같은 과녁
(과녁은 흰 바탕에 가운데 점처럼 색이 칠해져 있죠?) |

般
옮길 반 + □ = 盤
소반 반   음식을 옮길(般) 때 쓰는 그릇(皿)은 소반이니
(소반 : 자그마한 밥상)

亡
망할 망 + □ = 盲
소경 맹   망한(亡) 눈(目)이면 소경이니
(소경 : 눈 먼 사람)

□ + 少
작을 소 = 砂
모래 사   돌(石)이 작아져서(少) 된 모래
(돌이 부딪쳐 깨지면 작아져서 모래가 된다는 뜻입니다.)

□ + 見
볼 견 = 視
살필 시   신(示)이 보아(見) 살피니

□ + 火
불 화 = 秋
가을 추   벼(禾)가 불(火) 같은 햇빛에 익어 가는 계절은 가을이니

□ + 工
만들 공 = 空
빌 공   구멍(穴)을 뚫어 만들면(工) 속이 비니

□ + 分
나눌 분 = 粉
가루 분   쌀(米)을 나누어(分) 만든 가루

□ + 糸
실 사 + 隹
새 추 = 羅
벌릴 라   그물(罒)을 실(糸)로 짜 새(隹)를 잡으려고 벌려 놓으니

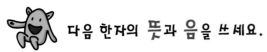

氏 (氏/氐)　气　水 (水/氵)　火 (灬)　爪 (爫)　父　爻

爿 (丬)　片 (爿)　牙　　牛 (牛/牜)　犬 (犭)　玄

玉 (王)　瓜　　　　　瓦　甘

生 (主)　　　　　　　　用

田　　　　　　　　　　疋 (疋)

疒　　　　81-120번
　　　　형성평가　　　癶

白　皮　　　　　皿　目

矛 (マ)　矢　石　　示 (礻)　内　禾

穴　立　竹 (竹)　米　糸 (糹)　缶　四 (网/罒)

다음 뜻과 음을 지닌 **한자**를 쓰세요.

뿌리 씨	기운 기	물 수	불 화	손톱 조	아비 부	사귈 효

조각 장	조각 편	어금니 아		소 우	개 견	검을 현

구슬 옥	오이 과		기와 와	달 감

날 생	쓸 용

밭 전	발 소

81-120번 형성평가

병질 엄	걸을 발

흰 백	가죽 피	그릇 명	눈 목

창 모	화살 시	돌 석	보일 시	짐승 유	벼 화

구멍 혈	설 립	대 죽	쌀 미	실 사	장군 부	그물 망

121		
6획	羊 (⺷)	*양의 모양 • ⺷ : 머리(위)에 쓰일 때의 모양 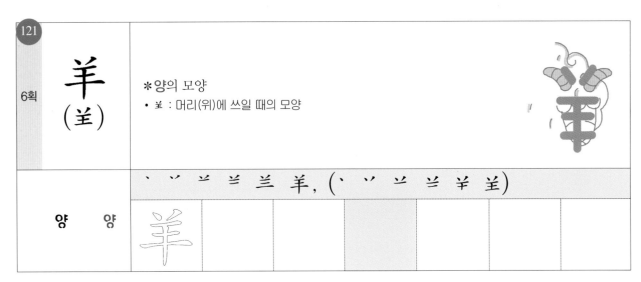

		` 丷 丷 ⺮ 乸 羊, ( ` 丷 丷 ⺮ 乸 羊 羊)						
양 양	羊							

부수 결합하여 한자 만들기

君 + 羊 = 群
임금 군   양 양   무리 군

임금(君) 주변에 신하들이 양(羊)떼처럼 무리지어 있으니

⺷ + 食 = 養
양 양   밥 식   기를 양

양(⺷)을 밥(食) 먹여 기르니

122		
6획	羽	*새의 두 날개를 본뜬 모양 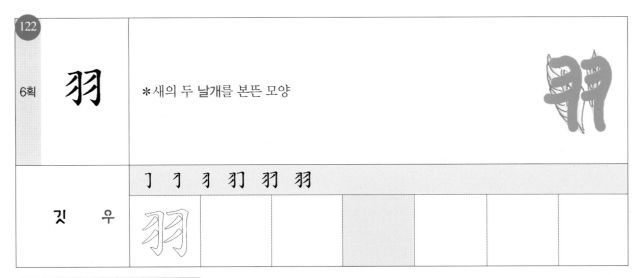

		ㄱ ㄱ ㅋ 羽 羽 羽						
깃 우	羽							

부수 결합하여 한자 만들기

羽 + 白 = 習
깃 우   흰 백   익힐 습

새가 깃(羽) 아래 흰(白) 털을 보이며 나는 법을 익히니

羽 + 異 = 翼
깃 우   다를 이   날개 익

깃(羽)을 좌우 양쪽으로 방향을 달리한(異) 날개

120

123 6획 老 (耂)	✻땅(土)에 비스듬히(丿) 허리를 구부리고(匕) 있는 늙은이 • 耂 : 머리(위)에 쓰일 때의 모양					
늙을 로	一 + 土 耂 耂 老, (一 + 土 耂)					
	老					

부수 결합하여 한자 만들기

耂	+	子	=	孝
늙을 로		아들 자		효도 효

늙은이(耂)를 아들(子)이 업고 효도하니

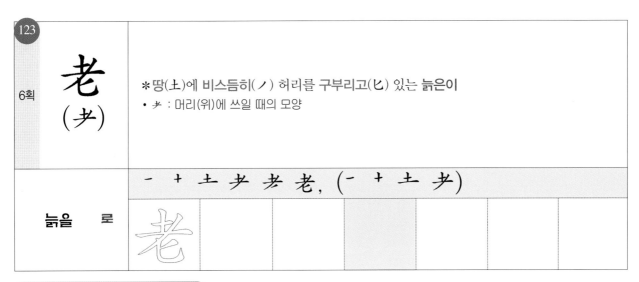

124 6획 而	✻이마(一) 코(丿) 수염(巾)을 본뜬 모양 ✻말할 때 수염이 움직이니 **말을 잇다.** 라는 뜻을 나타냄 • 그리고, 그러나 등으로 중간에서 앞의 말과 뒤의 말을 이어주는 접속사로 쓰입니다.					
수염 말 이을 이	一 ㄒ ㄏ 丙 而 而					
	而					

부수 결합하여 한자 만들기

而	+	寸	=	耐
수염 이		마디 촌		견딜 내

수염(而)이 마디마디(寸) 잘리는 모욕을 참고 견디니
(수염은 권위의 상징입니다. 수염을 뽑거나 자른다면 심한 모욕이겠죠?)

雨	+	而	=	需
비 우		말 이을 이		구할 쓸 수

비(雨)가 말 이어지듯(而) 계속해서 내리면 구하여 쓰니
(비가 계속해서 내리면 빗물을 받아서 쓴다는 뜻입니다.)

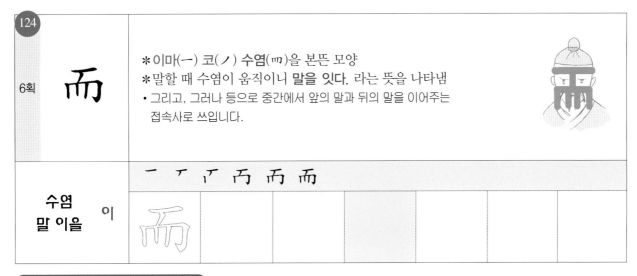

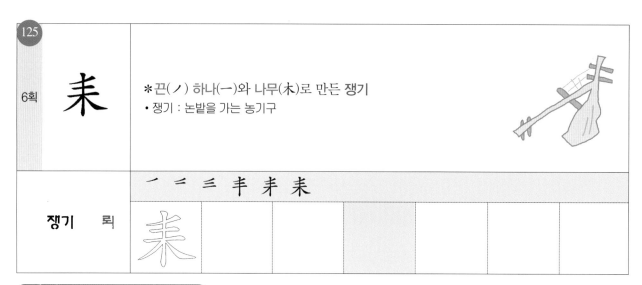

125 6획	耒	*끈(丿) 하나(一)와 나무(木)로 만든 쟁기 • 쟁기 : 논밭을 가는 농기구

	ノ 二 三 丰 耒 耒						
쟁기 뢰	耒						

부수 결합하여 한자 만들기

耒 쟁기 뢰	+	井 우물 정	=	耕 밭 갈 경

쟁기(耒)로 우물(井)을 파듯 깊게 밭을 가니

126 6획	耳	*귀의 모양

	一 丁 丆 斤 耳 耳						
귀 이	耳						

부수 결합하여 한자 만들기

門 문 문	+	耳 귀 이	=	聞 들을 문

문(門)에 귀(耳)를 대고 들으니

127 6획	聿 (聿)	*손(⺕)의 두(二) 손가락에 의지하여 잡은 붓(丨)의 모양 • 聿 : 머리(위)에 쓰일 때의 모양	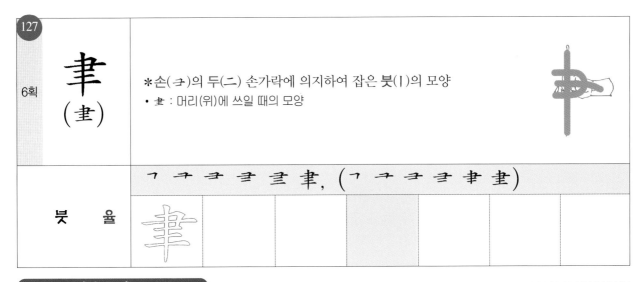

ㄱ ㄱ ㅋ ㅋ 글 글 聿, (ㄱ ㄱ ㅋ ㅋ 聿 聿)

붓 율	聿						

부수 결합하여 한자 만들기 ⋯⋯⋯⋯⋯⋯⋯⋯⋯⋯⋯⋯⋯⋯⋯⋯⋯⋯⋯⋯⋯⋯⋯⋯⋯

⺮ 대 죽	+	聿 붓 율	=	筆 글씨 쓸 필	대(⺮)로 붓(聿)을 만들어 글씨를 쓰니

聿 붓 율	+	曰 말할 왈	=	書 쓸 서	붓(聿)으로 하고 싶은 말(曰)을 쓰니

128 6획	肉 (月)	*성(冂)에서 사람(人)과 사람(人)들이 즐겨 먹는 **고기**를 자른 모양 • 月 : 月(달 월)과 구별하기 위해서 '육' 자를 붙여 '육 달 월' 이라고 합니다. • 月(육 달 월)이 들어간 글자는 대부분 우리 몸과 관련된 의미를 갖습니다. • 대부분 글자의 오른쪽에 붙어 있으면 '달 월' 그 외는 '몸 월' • 예) 明(밝을 명) ⇒ 오른쪽에 쓰이면 달 월 　　 肝(간 간) ⇒ 오른쪽 외에 쓰이면 몸 월

丨 冂 内 内 肉 肉, (丿 刀 月 月)

고기 육 몸 월	肉						

부수 결합하여 한자 만들기 ⋯⋯⋯⋯⋯⋯⋯⋯⋯⋯⋯⋯⋯⋯⋯⋯⋯⋯⋯⋯⋯⋯⋯⋯⋯

月 몸 월	+	干 방패 간	=	肝 간 간	몸(月)을 방패(干)처럼 보호해 주는 간 (간은 우리 몸의 모든 기능에 관여하며 나쁜 것을 해독해 준다고 합니다.)

一思多得

月을 부수로 하는 한자

月(몸 월) + 干(방패 간) = 肝(간 간)
→ 몸(月)을 방패(干)처럼 보호해 주는 간

戶(문 호) + 月(몸 월) = 肩(어깨 견)
→ 문(戶)처럼 몸(月)에서 벌어진 어깨

月(몸 월) + 支(가를 지) = 肢(사지 지)
→ 몸(月)에서 갈라져(支) 나온 두 팔과 두 다리를 사지라고 합니다.

北(달아날 배) + 月(몸 월) = 背(등 배)
→ 달아나려고(北) 몸(月)을 등지니

田(밭 전) + 月(몸 월) = 胃(밥통 위)
→ 밭(田)처럼 몸(月)에 음식물을 저장하는 곳은 밥통이니

129 6획 臣	*머리를 숙이고 있는 신하의 모양
신하 신	一 丅 𠃊 𠄎 𦣞 臣

부수 결합하여 한자 만들기

臣 (신하 신) + 人 (사람 인) = 臥 (엎드릴 와)

신하(臣) 된 사람(人)은 임금 앞에서 엎드리니

130 6획 自	*코의 모양을 본떠 자기를 나타내는 스스로란 뜻으로 씀 • 白(흰 백, 5획) 自(스스로 자, 6획) 잘 구별하세요.
코 스스로 자	′ 丨 冂 白 自 自

부수 결합하여 한자 만들기

自 (코 자) + 心 (심장 심) = 息 (숨 쉴 식)

코(自)와 심장(心)으로 숨 쉬니

自 (코 자) + 犬 (개 견) = 臭 (냄새 취)

코(自)로 개(犬)처럼 냄새 맡으니

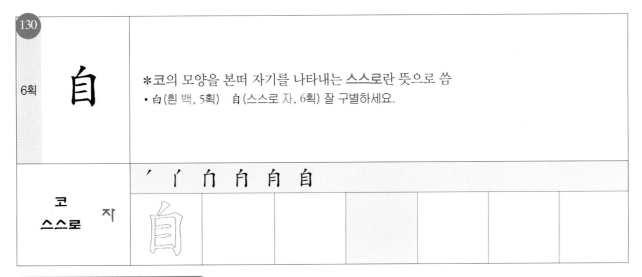

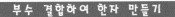

131 6획	至	＊하나(一)같이 내(厶) 땅(土)에 **이르려는** 마음이 **지극하니** • 이르다 : 어떤 장소나 시간에 닿다. 도달하다. • 옛날에는 전쟁이 많아 나라가 망하거나 포로로 끌려갔지요? 자기 나라 자기 땅으로 돌아가고 싶은 마음이 지극하다는 뜻입니다.
이를 지극할 지		一 厂 亙 至 至 至

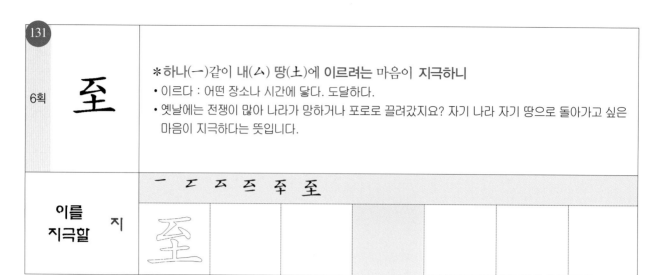

부수 결합하여 한자 만들기

至 이를 지	+	刂 칼 도	=	到 이를 도	무사히 목적지에 이르려고(至) 칼(刂)을 들고 이르니 (옛날에는 사나운 짐승이나 산적들이 많아서 칼을 들고 목적지에 이른다는 뜻입니다.)
至 지극할 지	+	攵 칠 복	=	致 이룰 치	지극한(至) 정성으로 치고(攵) 인도하면 뜻을 이루니 (자식이나 제자를 지극한 정성으로 가르치면 뜻을 이룬다는 뜻입니다.)

132 6획	臼 (臼)	＊곡식이 들어 있는 **절구**의 모양 • 절구 : 곡식을 빻거나 찧으며 떡을 치기도 하는 기구 • 臼 : 머리(위)에 쓰일 때의 모양
절구 구		′ ′ ′ 臼 臼 臼, (′ ′ ′ ′ 臼 臼 臼)

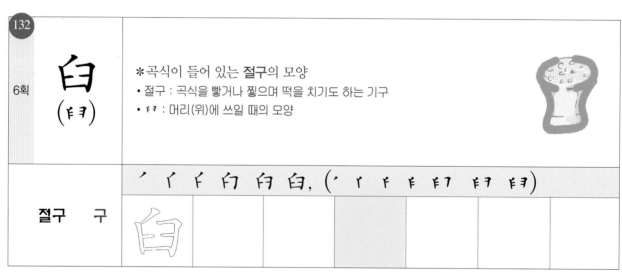

부수 결합하여 한자 만들기

臼 절구 구	+	儿 걷는사람 인	=	兒 아이 아	절구(臼)가 걷는(儿) 것처럼 머리가 큰 아이 (아이는 몸에 비해서 머리가 커 마치 절구가 걷는 것 같다는 뜻입니다.)
臼 절구 구	+ 爻 사귈 효	+ 冖 덮을 멱	+ 子 아들 자	= 學 배울 학	절구(臼) 같은 교실에서 친구를 사귀며(爻) 무식으로 덮인(冖) 아들(子)이 배우니

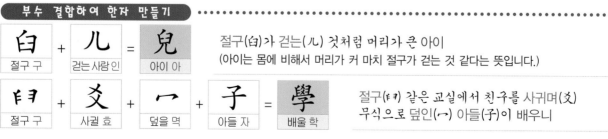

133	舌	*많은(千) 기능을 하는 입(口)안에 있는 혀
6획		• 千(일천 천, 많을 천)

	丿 二 千 千 舌 舌						
혀 설	舌						

부수 결합하여 한자 만들기 ●

甘	+	舌	=	甜
달 감		혀 설		달 첨

달도록(甘) 혀(舌)로 맛보며 조리하여 달다는 뜻입니다.

134	舛	*저녁(夕)에 숨어서(ㄷ) 뚫은(ㅣ) 곳이 어긋나니
6획		• 어긋나다 : 틀어져서 맞지 아니하다.

	丿 ク タ タ― タ亡 舛						
어긋날 천	舛						

부수 결합하여 한자 만들기 ●

亻	+	舛	+	木	=	傑
사람 인		어긋날 천		나무 목		뛰어날 걸

사람(亻)은 어긋난(舛) 짓을 할 때 나무(木) 회초리로 치고
바로잡으면 뛰어나니

135	舟	*배의 모양	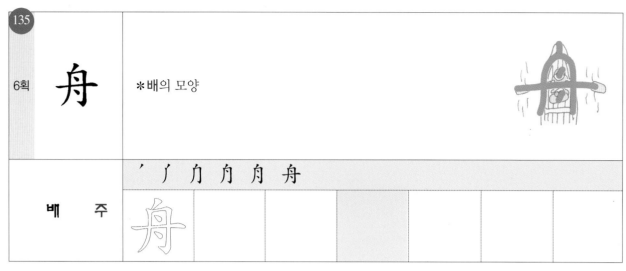

	′ 亅 ﾉ ﾉ 亻 舟 舟						
배 주	舟						

부수 결합하여 한자 만들기 ··

舟 + 兀 = 航
배 주 + 높을 항 = 건널 항

배(舟)에 돛을 높게(兀) 달고 건너니
(옛날에는 배에 돛을 달고 다녔지요?)

136	艮	*본디 目(눈 목) + ヒ(구부릴 비) ⇒ 艮(그칠 간) *눈(目)을 굴리고 몸을 구부리는(ヒ) 것은 일정한 한도에서 그치니

	ㄱ ㄱ ㅋ 𧘇 𧘇 艮						
그칠 간	艮						

부수 결합하여 한자 만들기 ··

丶 + 艮 = 良
점 주 + 그칠 간 = 어질
좋을 량

점(丶) 같은 작은 잘못도 그치니(艮) 어질고 좋다는 뜻입니다.

木 + 艮 = 根
나무 목 + 그칠 간 = 뿌리 근

나무(木)가 제자리에 그쳐(艮) 있는 것은 뿌리 때문이니

137 6획	色	*먹이를 싸고(ク) 있는 뱀(巴)을 보고 놀라 얼굴빛이 변하니 •巴(뱀 파) : 뱀(巳)이 먹이(丨)를 감싸고 있는 모양으로 코끼리를 잡아먹는다는 큰 뱀

		⺈ ⺈ ⺈ 午 色 色					
빛 색	色						

부수 결합하여 한자 만들기 ••

豊	+	色	=	艶
풍성할 풍		빛 색		고울 염

풍성하게(豊) 색(色)을 입혀 고우니

138 6획	艸 (⺾)(卝)	*싹(屮)과 싹(屮)이 돋아난 모양으로 풀이란 뜻 •⺾, 卝 : 머리(위)에 쓰일 때의 모양으로 '초두 머리' 라고 합니다.

		ㄴ ㄴ 屮 屮 艸 艸, (一 十 卝 ⺾), (一 十 卝)				
풀 초	艸					

부수 결합하여 한자 만들기 ••

⺾	+	方	=	芳
풀 초		사방 방		꽃다울 향기 방

풀(⺾)에서 사방(方)으로 꽃다운 향기가 나니

⺾	+	田	=	苗
풀 초		밭 전		싹 묘

풀(⺾)처럼 밭(田)에 돋아난 싹

139	虍	*호랑이 가죽의 무늬를 본뜬 모양 • 성은 복(卜)이고 이름은 엄(厂) 칠(七) ⇒ 복(卜) 엄(厂) 칠(七)로 기억하세요.
6획		` ｜ ⺊ ⺊ 广 广 虍 `
범 호	虍						

부수 결합하여 한자 만들기 ∙∙∙

虍	+	思	=	慮
범 호		생각 사		근심할 려

범(虍)을 생각(思)하며 근심하니
(옛날에 산에 갈 때면 호랑이를 생각하며 근심한다는 뜻입니다.)

140	虫	*가운데(中) 있는 하나(一)의 점(丶) 같은 벌레	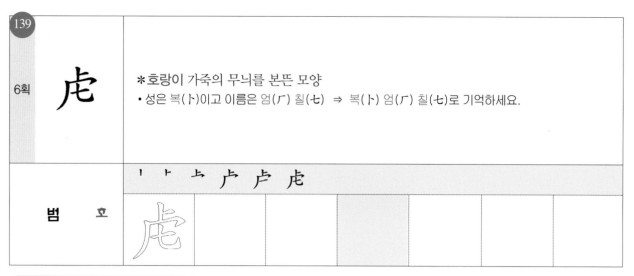
6획		` ｜ 口 口 中 虫 虫 `	
벌레 충	虫						

부수 결합하여 한자 만들기 ∙∙∙

火	+	火	+	冖	+	虫	=	螢
불 화		불 화		덮을 멱		벌레 충		반딧불 형

불(火)과 불(火)에 덮여(冖) 빛을 내는 벌레(虫)는
반딧불이니

( )안에 보기에서 정답을 찾아 쓰세요.

양, 날개, 늙은이, 수염, 말을 잇다, 쟁기, 귀, 붓, 고기, 신하, 코, 스스로

121 **羊** (⺶) ＊( )의 모양

122 **羽** ＊새의 두 ( )를 본뜬 모양

123 **老** (耂) ＊땅(土)에 비스듬히(ノ) 허리를 구부리고(匕) 있는 ( )

124 **而** ＊이마(一) 코(ノ) ( )(冊)을 본뜬 모양
＊말할 때 수염이 움직이니 ( ) 라는 뜻을 나타냄

125 **耒** ＊끈(ノ) 하나(一)와 나무(木)로 만든 ( )

126 **耳** ＊( )의 모양

127 **聿** (⺻) ＊손(크)의 두(二) 손가락에 의지하여 잡은 ( )(丨)의 모양

128 **肉** (月) ＊성(冂)에서 사람(人)과 사람(人)들이 즐겨 먹는 ( )를 자른 모양

129 **臣** ＊머리를 숙이고 있는 ( )의 모양

130 **自** ＊( )의 모양을 본떠 자기를 나타내는 ( )란 뜻으로 씀

( )안에 보기에서 정답을 찾아 쓰세요.

131 至 *하나(一)같이 내(厶) 땅(土)에 (   ) 마음이 (   )

132 臼 (탸키) *곡식이 들어 있는 (   )의 모양

133 舌 *많은(千) 기능을 하는 입(口)안에 있는 (   )

134 舛 *저녁(夕)에 숨어서(ㄷ) 뚫은(ㅣ) 곳이 (   )

135 舟 *(   )의 모양

136 艮 *눈(目)을 굴리고 몸을 구부리는(ㄴ) 것은 일정한 한도에서 (   )

137 色 *먹이를 싸고(ㅅ) 있는 뱀(巴)을 보고 놀라 얼굴(   )이 변하니

138 艸 (艹) *싹(屮)과 싹(屮)이 돋아난 모양으로 (   )이란 뜻
        (艹)

139 虍 *(   ) 가죽의 무늬를 본뜬 모양

140 虫 *가운데(中) 있는 하나(一)의 점(丶) 같은 (   )

141 6획	血	＊불꽃(丶)처럼 붉은 **피**를 그릇(皿)에 담으니 • 옛날에는 짐승의 피를 그릇에 받아 신에게 바쳤습니다. • 皿(그릇 명, 5획) 血(피 혈, 6획) 잘 구별하세요.

피 혈	ノ ／ 白 白 血 血						
	血						

부수 결합하여 한자 만들기 •

血 피 혈	+	豕 돼지 시	=	衆 무리 중

피(血)로 맺어진 돼지(豕) 무리
(돼지는 보통 10마리의 새끼를 낳는다고 합니다.)

142 6획	行	＊걸어서(彳) 두(二) 명이 갈고리(亅)를 들고 **다니**니

다닐 행	ノ ／ 彳 彳 行 行						
	行						

부수 결합하여 한자 만들기 •

行 다닐 행	+	土 땅 토	+	土 흙 토	=	街 거리 가

다닐(行) 수 있도록 땅(土)에 흙(土)을 쌓아 만든 거리(차나 사람이 다닐 수 있도록 땅에 흙을 쌓아 포장하여 만든 길이라는 뜻입니다.)

143 6획	衣 (衤)	*머리(亠)에 갓 쓰고 사람(亻)이 삐치고(ノ) 파인(乀) 옷을 입은 모양 • 衤 : 변(왼쪽)에 쓰일 때의 모양으로 '옷 의 변' 이라고 합니다. • 礻(보일 시, 4획) 衤(옷 의, 5획) 잘 구별하세요.	

	、 一 ナ ナ 才 衣 衣, (、 ラ ネ ネ 衤)					
옷 의	 衣					

부수 결합하여 한자 만들기

爿 (장수 장) + 士 (선비 사) + 衣 (옷 의) = 裝 (꾸밀 장)　　장수(爿)처럼 선비(士)가 옷(衣)을 입어 꾸미니 (장수처럼 선비가 갑옷을 입고 꾸민다는 뜻입니다.)

衤 (옷 의) + 皮 (가죽 피) = 被 (입을 피)　　옷(衤)을 가죽(皮)으로 만들어 입으니

144 6획	襾 (西)	*뚜껑으로 덮은 모양	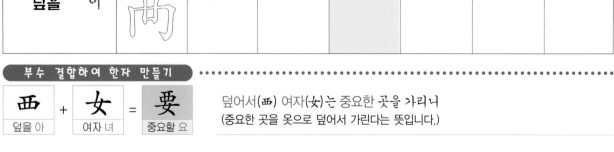

	一 冂 冂 雨 雨 雨, (一 一 厂 冂 两 西 西)					
덮을 아	襾					

부수 결합하여 한자 만들기

西 (덮을 아) + 女 (여자 녀) = 要 (중요할 요)　　덮어서(襾) 여자(女)는 중요한 곳을 가리니 (중요한 곳을 옷으로 덮어서 가린다는 뜻입니다.)

145		
7획	見	*눈(目)으로 걸어(儿) 다니며 보니

		丨 冂 冂 冃 目 目 貝 見						
볼 견		見						

부수 결합하여 한자 만들기

示 + 見 = 視
신 시 　 볼 견 　 살필 시

신(示)이 보아(見) 살피니

146		
7획	角	*싸여(⺈) 있는 성(冂) 안의 땅(土)이 뿔처럼 솟은 모양

		⺈ ⺈ ⺈ 角 角 角 角						
뿔 각		角						

부수 결합하여 한자 만들기

牛 + 角 = 牲
소 우 　 뿔 각 　 거칠 추

소(牜)의 뿔(角)은 굵고 거칠다는 뜻입니다.

147	
7획 言	*머리(亠)로 두(二) 번 정도 생각하고 입(口)으로 하는 **말씀**

	` 一 亠 言 言 言 言
말씀 언	言

부수 결합하여 한자 만들기

亻 + 言 = 信
사람 인 + 말씀 언 = 믿을 신

사람(亻)의 말(言)에는 믿음이 있어야 한다는 뜻입니다.

言 + 川 = 訓
말씀 언 + 내 천 = 가르칠 훈

말(言)하여 냇물(川)이 흐르듯 막힘없이 자연스럽게 가르치니

148		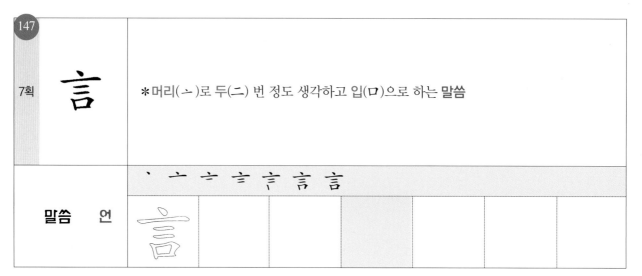
7획 谷	*샘물이 솟아 흐르는 **골짜기** 모양	

	` 八 公 父 谷 谷 谷
골짜기 곡	谷

부수 결합하여 한자 만들기

氵 + 谷 = 浴
물 수 + 골짜기 곡 = 목욕할 욕

물(氵)이 흐르는 골짜기(谷)에서 목욕하니

149		
7획	豆	*굽이 높은 **제기**와 **콩** 꼬투리 모양 • 제기 : 제사에 쓰는 그릇 • 하나(一)같이 '묘' 에서 제사지낸다고 생각하세요.

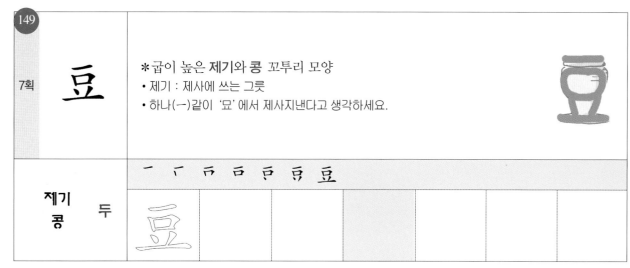

		一	丆	一	〒	〒	豆	豆
제기 콩	두	豆						

부수 결합하여 한자 만들기

癶	+	豆	=	登
걸을 발		제기 두		오를 등

걸어서(癶) 제기(豆)를 들고 신전에 오르니
(신에게 제사 지내려고 제기를 들고 신전에 올라간다는 뜻입니다.)

豆	+	頁	=	頭
콩 두		머리 혈		머리 두

콩(豆)처럼 둥글둥글한 머리(頁)

150		
7획	豕	*돼지의 모양

		一	一	丂	丂	豕	豕	豕
돼지	시	豕						

부수 결합하여 한자 만들기

宀	+	豕	=	家
집 면		돼지 시		집 집안 가

집(宀)에 돼지(豕)처럼 많이 모여서 집안을 이룬다는 뜻입니다.

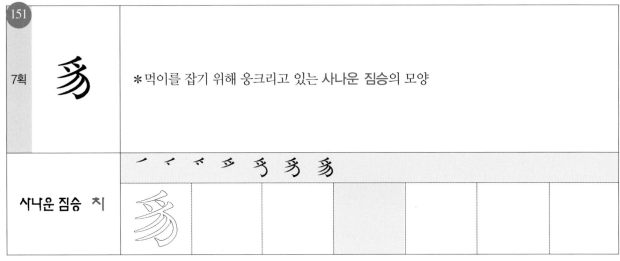

	151	
7획	豸	*먹이를 잡기 위해 웅크리고 있는 사나운 짐승의 모양

ノ ⺈ ⺈ ⺉ 豸 豸 豸

사나운 짐승 치	豸						

부수 결합하여 한자 만들기 ··

豸	+	艮	+	心	=	懇
사나운 짐승 치		그칠 간		마음 심		간절할 간

사나운 짐승(豸) 같은 짓을 그치기를(艮) 바라는 마음(心)이 간절하니

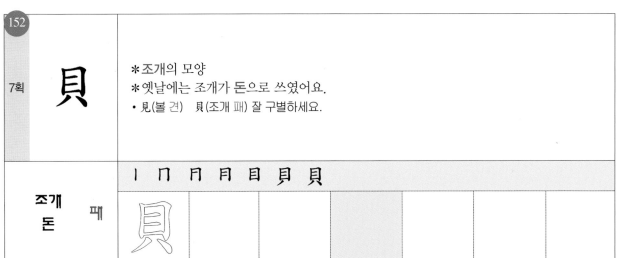

	152	
7획	貝	*조개의 모양 *옛날에는 조개가 돈으로 쓰였어요. • 見(볼 견) 貝(조개 패) 잘 구별하세요.

丨 冂 冂 闬 目 貝 貝

조개 돈 패	貝						

부수 결합하여 한자 만들기

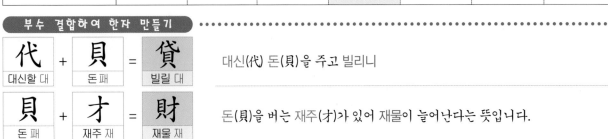

代	+	貝	=	貸
대신할 대		돈 패		빌릴 대

대신(代) 돈(貝)을 주고 빌리니

貝	+	才	=	財
돈 패		재주 재		재물 재

돈(貝)을 버는 재주(才)가 있어 재물이 늘어난다는 뜻입니다.

153								
7획	赤	*땅(土)에서 타고 있는 불(火)이 붉다는 뜻 • 亦(또 역, 6획) 赤(붉을 적, 7획) 잘 구별하세요.						
		一 十 土 キ 亣 亦 赤						
붉을 적		赤						

부수 결합하여 한자 만들기 ....

赤	+	赤	=	赫
붉을 적		붉을 적		붉을 혁

붉고(赤) 붉으니(赤) 더욱 붉다는 뜻입니다.

154		
7획	走	*땅(土)을 발(止)로 달리니
		一 十 土 キ キ 走 走
달릴 주		走

부수 결합하여 한자 만들기 ....

走	+	己	=	起
달릴 주		몸 기		일어날 기

달리려고(走) 몸(己)을 세워 일어나니

走	+	卜	=	赴
달릴 주		점칠 복		나아갈 알릴 부

달려(走) 나아가 점친(卜) 결과를 알리니

155 7획	足 (足)	*무릎(口) 아래의 정강이와 발(止)을 본뜬 모양 • 足: 변(왼쪽)에 쓰일 때의 모양					
발 족	` 丨 口 口 尸 뙤 足, ( ` 丨 口 口 뙤 足)						
	足						

부수 결합하여 한자 만들기

亻 사람 인	+	足 발 족	=	促 재촉할 촉	사람(亻)이 발(足)을 구르며 재촉하니
足 발 족	+	各 각각 각	=	路 길 로	발(足)로 각각(各) 걸어 다닐 수 있도록 만든 길

156 7획	身	*임신하여 배가 불룩한 여자가 서 있는 몸의 모양					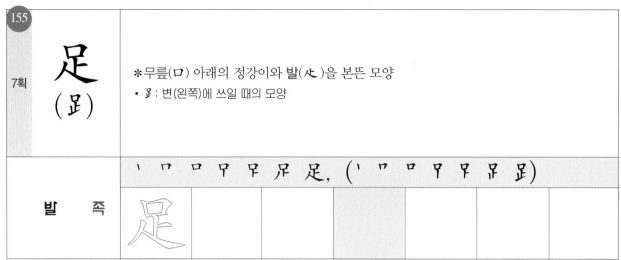
몸 신	´ 丨 冂 冃 自 身 身						
	身						

부수 결합하여 한자 만들기

身 몸 신	+	寸 마디 촌	=	射 쏠 사	총이나 활을 몸(身)에 의지하고 손가락 마디(寸)로 당겨 쏘니

157 7획	車 (車)	*두(二) 바퀴와 몸통(曰) 바퀴의 축(丨)을 본뜬 **수레**의 모양 • 사람의 힘으로 움직이는 것(자전거, 인력거) ⇒ 음이 '거' 로 됩니다. • 사람의 힘이 필요 없는 것(풍차, 자동차) ⇒ 음이 '차' 로 됩니다.	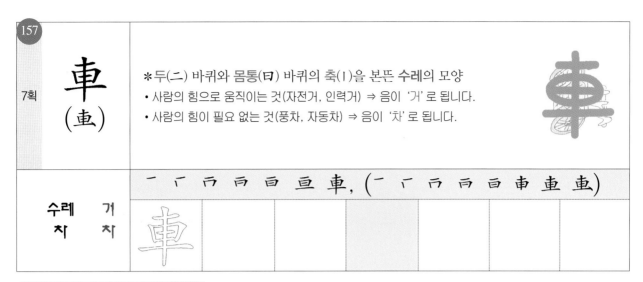

수레 거 차 차	一 厂 厅 币 百 亘 車, (一 厂 厅 币 百 車 車 車)
	車						

부수 결합하여 한자 만들기 ∙∙∙

冖 (덮을 멱) + 車 (수레 거) = 軍 (군사 군)

적에게 뺏기지 않으려고 덮어(冖) 수레(車)를 지키는 군사
(전쟁에 필요한 식량, 무기 등이 실려 있는 수레를 군사들이 덮어 지킨다는 뜻입니다.)

口 (울타리 위) + 車 (차 차) + 寸 (규칙 촌) = 團 (모을 단)

울타리(口) 안에 차(車)를 규칙(寸)에 따라 모으니
(주차장을 생각해보세요.)

158 7획	辛	*서(立) 있는 십(十)자가에 매달려 **고생을 맵게** 하니 • 옛날에는 죄인을 십자가 같은 형틀에 매달아 놓았지요.	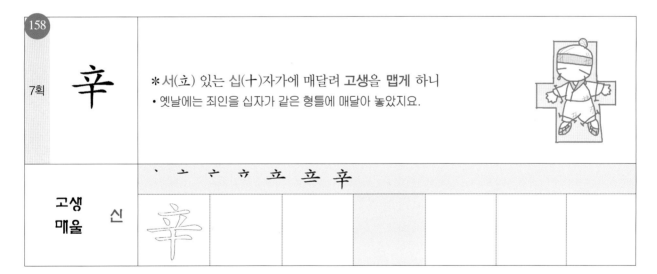

고생 매울 신	丶 亠 立 立 辛 辛 辛
	辛						

부수 결합하여 한자 만들기 ∙∙∙

一 (한 일) + 辛 (고생 신) = 幸 (다행 행)

단 한(一) 번의 고생(辛)으로 끝내니 다행이다.

尸 (지붕 시) + 口 (어귀 구) + 辛 (매울 신) + 辶 (뛸 착) = 避 (피할 피)

지붕(尸) 밑의 어귀(口)로 매운(辛) 것을
뛰어(辶)가 피하니

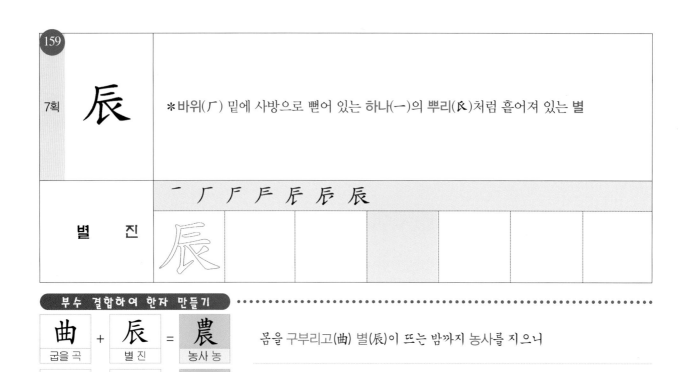

159 7획	辰	*바위(厂) 밑에 사방으로 뻗어 있는 하나(一)의 뿌리(氏)처럼 흩어져 있는 별
별 진	一 厂 厂 厂 厂 辰 辰 辰	

부수 결합하여 한자 만들기

曲 + 辰 = 農
굽을 곡 별 진 농사 농

몸을 구부리고(曲) 별(辰)이 뜨는 밤까지 농사를 지으니

辰 + 月 = 脣
별 진 몸 월 입술 순

별(辰)처럼 몸(月)에서 붉게 빛나는 입술

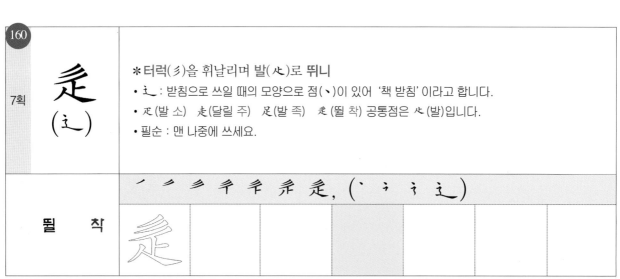

160 7획	辵 (辶)	*터럭(彡)을 휘날리며 발(止)로 뛰니 • 辶 : 받침으로 쓰일 때의 모양으로 점(丶)이 있어 '책 받침'이라고 합니다. • 疋(발 소) 走(달릴 주) 足(발 족) 辵(뛸 착) 공통점은 止(발)입니다. • 필순 : 맨 나중에 쓰세요.
뛸 착	丿 ⺈ ⺌ 彳 彳 辵 辵, (丶 ⺀ 辶 辶)	

부수 결합하여 한자 만들기

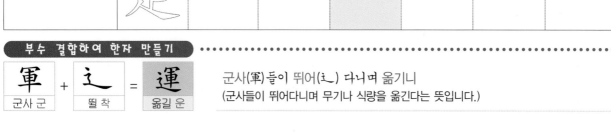

軍 + 辶 = 運
군사 군 뛸 착 옮길 운

군사(軍)들이 뛰어(辶) 다니며 옮기니
(군사들이 뛰어다니며 무기나 식량을 옮긴다는 뜻입니다.)

( )안에 보기에서 정답을 찾아 쓰세요.

보기	피, 다니니, 옷, 덮은, 보니, 뿔, 말씀, 골짜기, 제기, 콩, 돼지

141 血 *불꽃(ヽ)처럼 붉은 ( )를 그릇(皿)에 담으니

142 行 *걸어서(彳) 두(二) 명이 갈고리(亅)를 들고 ( )

143 衣 (衤) *머리(亠)에 갓 쓰고 사람(亻)이 삐치고(丿) 파인(乀) ( )을 입은 모양

144 襾 (西) *뚜껑으로 ( ) 모양

145 見 *눈(目)으로 걸어(儿) 다니며 ( )

146 角 *싸여(ク) 있는 성(冂) 안의 땅(土)이 ( )처럼 솟은 모양

147 言 *머리(亠)로 두(二) 번 정도 생각하고 입(口)으로 하는 ( )

148 谷 *샘물이 솟아 흐르는 ( ) 모양

149 豆 *굽이 높은 ( )와 ( ) 꼬투리 모양

150 豕 *( )의 모양

( )안에 **보기**에서 **정답**을 찾아 쓰세요.

151	豸	*먹이를 잡기 위해 웅크리고 있는 ( )의 모양
152	貝	*( )의 모양 *옛날에는 조개가 ( )으로 쓰였어요.
153	赤	*땅(土)에서 타고 있는 불(火)이 ( )는 뜻
154	走	*땅(土)을 발(止)로 ( )
155	足(발)	*무릎(口) 아래의 정강이와 ( )(止)을 본뜬 모양
156	身	*임신하여 배가 불룩한 여자가 서 있는 ( )의 모양
157	車(車)	*두(二) 바퀴와 몸통(日) 바퀴의 축(1)을 본뜬 ( )의 모양
158	辛	*서(立) 있는 십(十)자가에 매달려 ( )을 ( ) 하니
159	辰	*바위(厂) 밑에 사방으로 뻗어 있는 하나(一)의 뿌리(氏)처럼 흩어져 있는 ( )
160	辵(辶)	*터럭(彡)을 휘날리며 발(止)로 ( )

| | 食 밥 식 | = | 養 기를 양 | 양(羊)을 밥(食) 먹여 기르니 |

| | 子 아들 자 | = | 孝 효도 효 | 늙은이(耂)를 아들(子)이 업고 효도하니 |

| | 井 우물 정 | = | 耕 밭 갈 경 | 쟁기(耒)로 우물(井)을 파듯 깊게 밭을 가니 |

| 門 문 문 | | = | 聞 들을 문 | 문(門)에 귀(耳)를 대고 들으니 |

| | 干 방패 간 | = | 肝 간 간 | 몸(月)을 방패(干)처럼 보호해 주는 간
(간은 우리 몸의 모든 기능에 관여하며 나쁜 것을 해독해 준다고 합니다.) |

| | 犬 개 견 | = | 臭 냄새 취 | 코(自)로 개(犬)처럼 냄새 맡으니 |

| | 儿 걷는 사람 인 | = | 兒 아이 아 | 절구(臼)가 걷는(儿) 것처럼 머리가 큰 아이
(아이는 몸에 비해서 머리가 커 마치 절구가 걷는 것 같다는 뜻입니다.) |

| 甘 달 감 | | = | 甛 달 첨 | 달도록(甘) 혀(舌)로 맛보며 조리하여 달다는 뜻입니다. |

| 木 나무 목 | | = | 根 뿌리 근 | 나무(木)가 제자리에 그쳐(艮) 있는 것은 뿌리 때문이니 |

| | 方 사방 방 | = | 芳 꽃다울 방 | 풀(艹)에서 사방(方)으로 꽃다운 향기가 나니 |

다음 빈칸에 알맞은 **부수**를 넣어 **한자**를 완성하세요.

	+ 土 땅 토	+ 土 흙 토	= 街 거리 가	다닐(行) 수 있도록 땅(土)에 흙(土)을 쌓아 만든 거리
	+ 皮 가죽 피		= 被 입을 피	옷(衤)을 가죽(皮)으로 만들어 입으니
	+ 女 여자 녀		= 要 중요할 요	덮어서(覀) 여자(女)는 중요한 곳을 가리니 (중요한 곳을 옷으로 덮어서 가린다는 뜻입니다.)
亻 사람 인	+		= 信 믿을 신	사람(亻)의 말(言)에는 믿음이 있어야 한다는 뜻입니다.
氵 물 수	+		= 浴 목욕할 욕	물(氵)이 흐르는 골짜기(谷)에서 목욕하니
	+ 頁 머리 혈		= 頭 머리 두	콩(豆)처럼 둥글둥글한 머리(頁)
	+ 才 재주 재		= 財 재물 재	돈(貝)을 버는 재주(才)가 있어 재물이 늘어난다는 뜻입니다.
亻 사람 인	+		= 促 재촉할 촉	사람(亻)이 발(足)을 구르며 재촉하니
	+ 寸 마디 촌		= 射 쏠 사	총이나 활을 몸(身)에 의지하고 손가락 마디(寸)로 당겨 쏘니
軍 군사 군	+		= 運 옮길 운	군사(軍)들이 뛰어(辶) 다니며 옮기니 (군사들이 뛰어다니며 무기나 식량을 옮긴다는 뜻입니다.)

다음 한자의 뜻과 음을 쓰세요.

羊(𦍌) 羽 老(耂) 而 耒 耳 聿(書)

肉(月) 臣 自   至 臼(臼) 舌

舛 舟   艮 色

艹(艸)(艹)   虍

虫   血

行   衣(衤)

兩(襾) 見   角 言

谷 豆 豕   豸 貝 赤

走 足(𧾷) 身 車(車) 辛 辰 辵(辶)

121-160번
형성평가

147

다음 뜻과 음을 지닌 **한자**를 쓰세요.

양 양	깃 우	늙을 로	말 이을 이	쟁기 뢰	귀 이	붓 율
고기 육(몸 월)	신하 신	코 자		이를 지	절구 구	혀 설
어긋날 천	배 주				그칠 간	빛 색
풀 초						범 호
벌레 충						피 혈
다닐 행						옷 의
덮을 아	볼 견				뿔 각	말씀 언
골짜기 곡	콩 두	돼지 시		사나운 짐승 치	돈 패	붉을 적
달릴 주	발 족	몸 신	수레 거	고생 신	별 진	뛸 착

121~160번
형성평가

148

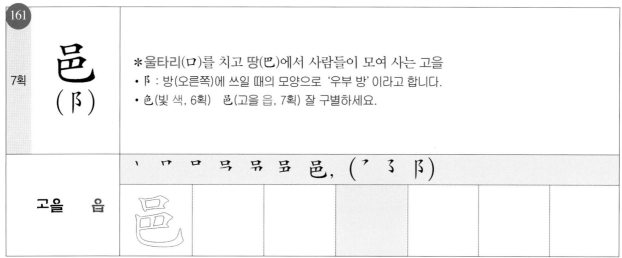

161 7획	邑 (阝)	*울타리(口)를 치고 땅(巴)에서 사람들이 모여 사는 고을 • 阝: 방(오른쪽)에 쓰일 때의 모양으로 '우부 방' 이라고 합니다. • 色(빛 색, 6획) 邑(고을 읍, 7획) 잘 구별하세요.
고을 읍	` 丷 口 吕 邑 邑 邑, (´ ㇌ 阝)	

부수 결합하여 한자 만들기 ••

者 사람 자	+	阝 고을 읍	=	都 도읍 도

사람(者)들이 많이 모여 사는 고을(阝)이 도읍이니

君 임금 군	+	阝 고을 읍	=	郡 고을 군

임금(君)의 명을 받고 다스리는 고을(阝)

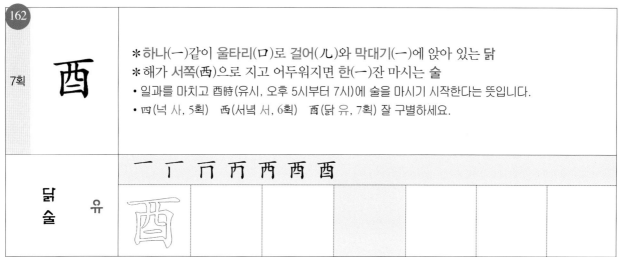

162 7획	酉	*하나(一)같이 울타리(口)로 걸어(儿)와 막대기(一)에 앉아 있는 닭 *해가 서쪽(酉)으로 지고 어두워지면 한(一)잔 마시는 술 • 일과를 마치고 酉時(유시, 오후 5시부터 7시)에 술을 마시기 시작한다는 뜻입니다. • 四(넉 사, 5획) 西(서녘 서, 6획) 酉(닭 유, 7획) 잘 구별하세요.
닭 술 유	一 丆 厂 襾 西 酉 酉	

부수 결합하여 한자 만들기 ••

氵 물 수	+	酉 술 유	=	酒 술 주

물(氵)처럼 마시는 술(酉)

163	采	*끈(丿)을 쳐 쌀(米)을 분별하니 • 쌀은 품종이 다양하지만 모양이 비슷해서 쉽게 구별을 못하죠? • 禾(벼 화) 采 (분별할 변) 잘 구별하세요.	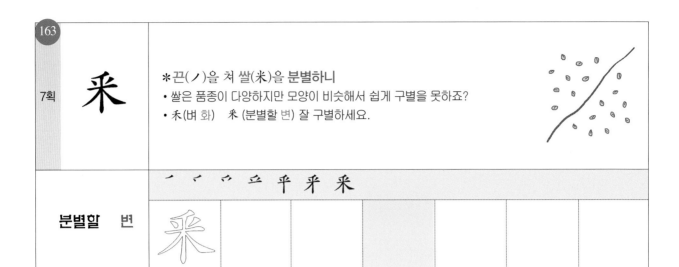
7획			

	丿 ⺥ ⺥ 爫 平 采 采						
분별할 변	采						

부수 결합하여 한자 만들기 •

采 + 田 = 番
분별할 변 밭 전 차례 번

분별하여(采) 밭(田)에 있는 곡식을 차례로 거두니
(밭에 있는 곡식을 분별하여 익은 것부터 차례대로 거둔다는 뜻입니다.)

采 + 睪 = 釋
분별할 변 엿볼 역 풀 석

죄의 유무를 분별하여(采) 엿보아(睪) 죄가 없으면 풀어주니

164	里	*해(日)가 잘 비치고 땅(土)이 좋은 마을 *거리의 단위가 명확치 않은 옛날에는 마을에서 다른 마을까지로 거리를 짐작했어요. • 옛날에는 농사를 지었기 때문에 해가 잘 비치고 땅이 좋아야 사람들이 모여서 마을이 형성되었습니다.
7획		

	丨 ⼝ ⼞ 日 旦 甲 里						
마을 거리 리	里						

부수 결합하여 한자 만들기 •

里 + 予 = 野
마을 리 줄 여 들 야

마을(里)에 많은 이로움을 주는(予) 들
(들 : 논이나 밭으로 되어 있는 넓은 땅)

千 + 里 = 重
일천 천 거리 리 무거울 중

천(千) 리나 되는 먼 거리(里)에 떨어져 있어 마음이 무거우니

165			
8획	金		*사람(人)들이 방패(千)를 들고 나뉘어(ˇˇ) 하나(一) 같이 지키는 귀한 쇠나 금

			ノ 人 스 스 수 수 余 金				
쇠금 성	금 김		金				

부수 결합하여 한자 만들기

金 (쇠 금) + 戈 (창 과) + 戈 (창 과) = 錢 (돈 전)   쇠(金)로 창(戈)과 창(戈)을 만들어 팔아서 번 돈

金 (금 금) + 同 (같을 동) = 銅 (구리 동)   금(金)과 색깔이 같은(同) 구리
(금과 구리는 색깔이 같아 구별하기가 어렵죠?)

166			
8획	長 (镸)		*긴 머리를 나부끼고 서 있는 어른의 모양

			ㅣ ㄷ ㄷ ㅌ ㅌ 투 투 長, (ㅣ ㄷ ㄷ ㅌ ㅌ 투 镸)				
길 어른	장		長				

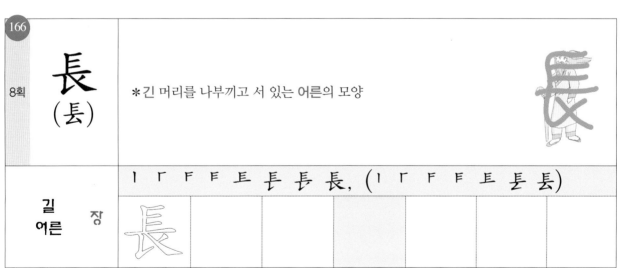

부수 결합하여 한자 만들기

巾 (헝겊 건) + 長 (길 장) = 帳 (장막 장)   헝겊(巾)을 길게(長) 둘러친 장막
(장막 : 비바람을 피할 수 있도록 둘러치는 막)

镸 (길 장) + 彡 (터럭 상) = 髟 (긴 터럭 표)   긴(镸) 터럭(彡)이니 긴 터럭 표

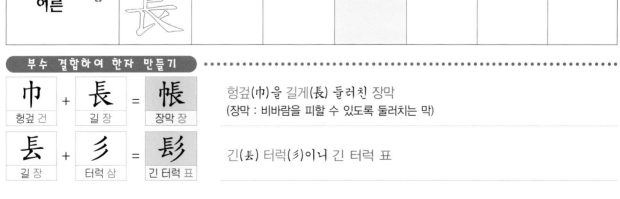

167								
8획	門	*문짝이 두 개인 문의 모양						
		丨 丨 丨 丨 门 门 門 門 門						
문 문		門						

부수 결합하여 한자 만들기 ....

門	+	日	=	間
문 문		해 일		사이 간

문(門)틈 사이로 해(日)가 비치니

門	+	一	+	廾	=	開
문 문		한 일		두 손 잡을 공		열 개

문(門) 하나(一)를 두 손으로 잡고(廾) 여니

168								
8획	阜 (阝)(阝)	*계단처럼 층층이 진 언덕의 모양 • 阝 : 변(왼쪽)에 쓰일 때의 모양으로 '좌부 변' 이라고 합니다. • 邑(고을 읍) 阜(언덕 부)는 변형(阝)이 같아 좌·우로 구분합니다. • 예) 都(도읍 도) ⇒ 변형(阝)이 오른쪽에 쓰이면 고을 읍 防(막을 방) ⇒ 변형(阝)이 왼쪽에 쓰이면 언덕 부						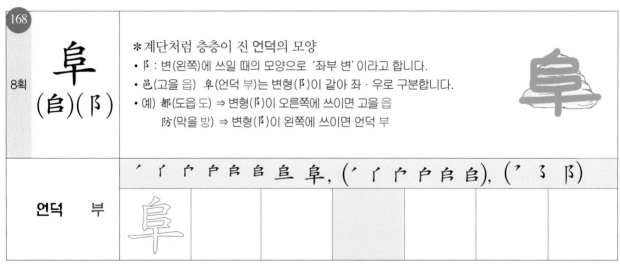
		丿 亻 亻 阝 阜 阜 皀 阜, (丿 亻 亻 阝 皀 皀), (丿 弓 阝)						
언덕 부		阜						

부수 결합하여 한자 만들기 ....

阝	+	方	=	防
언덕 부		사방 방		막을 방

언덕(阝)에서 사방(方)으로 쳐들어오는 적을 막으니

阝	+	車	=	陣
언덕 부		수레 거		진칠 진

언덕(阝)에 수레(車)를 배치하여 진 치니

169 8획	隶	*손(⇒)이 물(氺)에 이르러 잡으니 • 미치다 : 이르다, 다다르다, 도착하다. 와 비슷한 말입니다. • 어떤 정도나 범위에 이르다. 즉 …에 '이르러 잡다' 라는 뜻입니다.	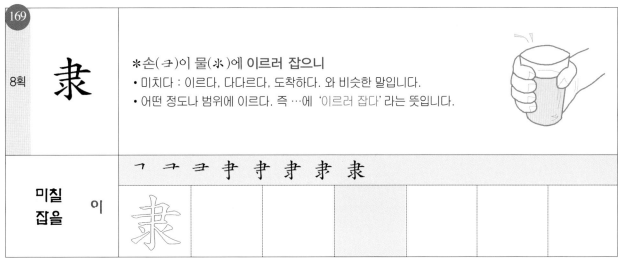

미칠 잡을	이	ㄱ ⇒ ⇒ 肀 肀 肀 隶 隶						
		隶						

부수 결합하여 한자 만들기 ····················

广	+	隶	=	康
큰 집 엄		미칠 이		편안할 강

큰 집(广)에 이르러(隶) 편안하게 쉰다는 뜻입니다.

士	+	示	+	隶	=	隸
선비 사		보일 시		잡을 이		종 례

선비(士)도 눈에 보이는(示) 죄가 있으면 잡아서(隶) 종으로 삼으니

170 8획	佳	*사람(亻)의 머리(亠) 위에서 나는(主) 새	

새	추	ノ 亻 亻 亻 亻 佳 佳 佳						
		佳						

부수 결합하여 한자 만들기 ····················

佳	+	木	=	集
새 추		나무 목		모일 집

새(佳)가 나무(木) 위로 모이니

171 8획	雨	*하늘(一)을 덮은(冖) 구름에서 내리는 물(氺)방울이 비라는 뜻 • 雨(비 우)가 쓰인 글자는 대부분 날씨와 관계가 있습니다.	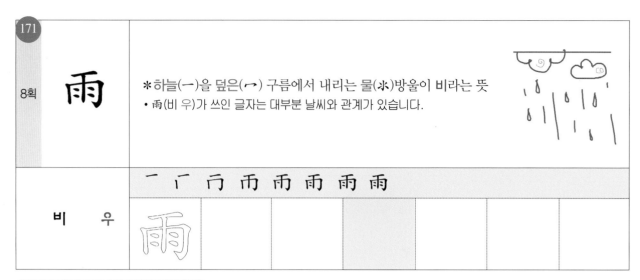

비 우	一 厂 冂 币 雨 雨 雨 雨						
	 雨						

부수 결합하여 한자 만들기 ··

雨 비우	+	크 또우	=	雪 눈설	날씨가 추워져 비(雨)가 또(크) 변하여 눈이 되니
雨 비우	+	相 서로상	=	霜 서리상	비(雨)처럼 수증기가 서로(相) 얽혀서 만들어진 서리

172 8획	靑	*봄에 싹이 나면(生) 땅이 붉은(丹) 빛에서 푸른빛으로 변하니 • 丹(붉을 단, 3번 1획 丶 참고) • 황무지인 땅이 봄에 파릇한 풀이 나 덮이면 푸르게 변한다는 뜻입니다.	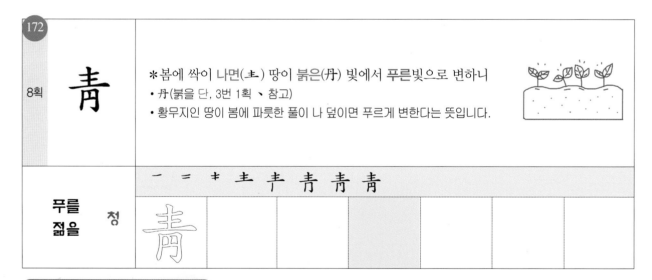

푸를 젊을 청	一 二 キ 主 青 青 青 青						
	 青						

부수 결합하여 한자 만들기 ·····································

日 해일	+	靑 푸를청	=	晴 갤청	해(日)가 다시 나오고 하늘이 푸르게(靑) 날이 개니 (비가 내리던 하늘이 해가 다시 나오고 푸르게 날이 개었다는 뜻입니다.)
忄 마음심	+	靑 젊을청	=	情 뜻정	마음(忄)에 젊은이(靑)가 품은 뜻

雨를 부수로 하는 한자

雨(비 우) + 크(또 우) = 雪(눈 설)
　　　　　　→ 날씨가 추워져 비(雨)가 또(크) 변하여 눈이 되니

雨(비 우) + 云(말할 운) = 雲(구름 운)
　　　　　　→ 비(雨)가 올 것이라고 말하여(云) 주는 구름

雨(비 우) + 辰(별 진) = 震(벼락 진)
　　　　　　→ 비(雨)올 때 별(辰)처럼 반짝거리고 벼락이 치니

雨(비 우) + 相(서로 상) = 霜(서리 상)
　　　　　　→ 비(雨)처럼 수증기가 서로(相) 얽혀서 만들어진 서리

雨(비 우) + 務(힘쓸 무) = 霧(안개 무)
　　　　　　→ 비(雨)가 힘차게(務) 내리고 생긴 안개

雨(비 우) + 路(길 로) = 露(이슬 로)
　　　　　　→ 비(雨)처럼 길(路)가의 풀잎에 맺힌 이슬

173 8획	非	*새의 두 날개가 엇갈려 있는 모양으로 어긋나다, **아니다** 라는 뜻이 됨	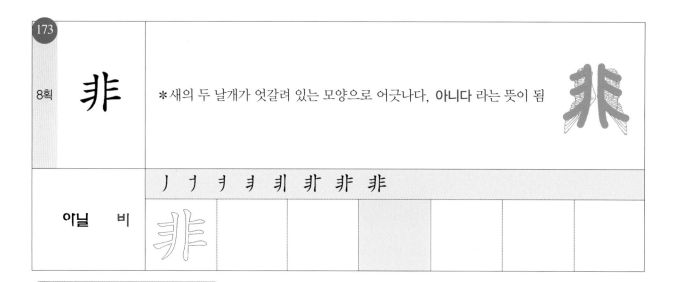

	ノ ナ ヺ ヺ 丰 非 非 非						
아닐 비	非						

부수 결합하여 한자 만들기

非 아닐 비	+	心 마음 심	=	悲 슬플 비	일이 뜻대로 아니(非) 된다고 마음(心)으로 슬퍼하니
罒 법망 망	+	非 아닐 비	=	罪 허물 죄	법망(罒)에 걸리는 옳지 아니한(非) 죄

174 9획	面	*수염(而)이 있는 **얼굴** 모양 • 而(수염 이)쓰고, 三(석 삼)을 차례대로 쓰면 됩니다.	

	一 一 一 丙 而 而 面 面						
얼굴 면	面						

부수 결합하여 한자 만들기

面 얼굴 면	+	見 볼 견	=	靦 부끄러울 전	얼굴(面) 보기가(見) 부끄러우니

156

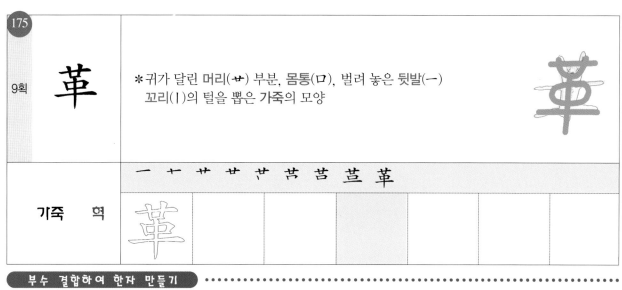

	175	革	*귀가 달린 머리(廿) 부분, 몸통(口), 벌려 놓은 뒷발(一) 꼬리(ㅣ)의 털을 뽑은 **가죽**의 모양	革
9획				

一 十 卄 卉 苧 苫 昌 革 革

가죽 혁	革						

부수 결합하여 한자 만들기

革	+	安	=	鞍
가죽 혁		편안할 안		안장 안

가죽(革)으로 편안하게(安) 앉을 수 있도록 만든 안장

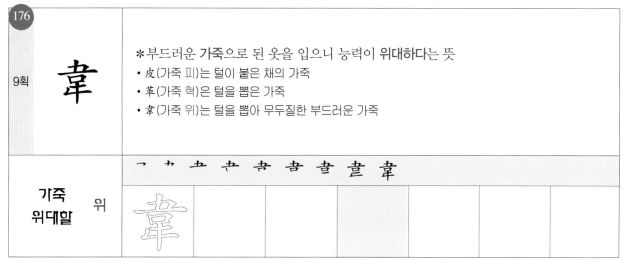

	176	韋	*부드러운 **가죽**으로 된 옷을 입으니 능력이 **위대하다**는 뜻
9획			• 皮(가죽 피)는 털이 붙은 채의 가죽
			• 革(가죽 혁)은 털을 뽑은 가죽
			• 韋(가죽 위)는 털을 뽑아 무두질한 부드러운 가죽

ㄱ 十 卉 卉 帠 备 聿 聿 韋

가죽 위대할	위	韋						

부수 결합하여 한자 만들기

韋	+	刃	=	靭
가죽 위		칼날 인		질길 인

가죽(韋)은 칼날(刃)에도 질기니

亻	+	韋	=	偉
사람 인		위대할 위		클 위대할 위

사람(亻)의 능력은 크고 위대하니(韋)

177	音	*서(효) 말(曰)하여 소리 지르니				
9획						

` 亠 立 立 产 音 音 音

소리 음	音					

부수 결합하여 한자 만들기

音 소리 음	+	心 마음 심	=	意 뜻 의	소리(音)를 질러 마음(心)의 뜻을 전하니
音 소리 음	+	儿 걷는 사람 인	=	竟 마침내 끝날 경	소리(音) 지르고 걸어(儿) 다니며 마침내 끝났음을 알리니

178	頁	*이마(一) 코(自) 수염(八) 난 머리의 모양	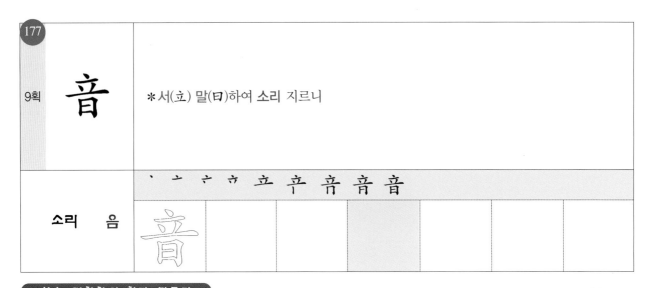
9획			

一 一 丁 丆 万 百 百 頁 頁

머리 우두머리 혈	頁					

부수 결합하여 한자 만들기

豆 콩 두	+	頁 머리 혈	=	頭 머리 두	콩(豆)처럼 둥글둥글한 머리(頁)
川 내 천	+	頁 우두머리 혈	=	順 순할 순	냇물(川)이 흐르듯 우두머리(頁)의 명령을 거스르지 않고 순하게 따르니

179

9획

首

*머리의 모양
- 頁(머리 혈) 首(머리 수) 잘 구별하세요.
- 頁(머리 혈)은 받침 'ㄹ'과 '八'이 있고, 首(머리 수)는 받침이 없습니다.

머리 우두머리 수

丶 丷 䒑 䒑 产 굿 首 首 首

首

부수 결합하여 한자 만들기

首	+	辶	=	道
우두머리 수		뛸 착		길 도

우두머리(首)를 따라서 뛰어(辶) 가는 길

180

9획

風

*책상(几)의 점(丶) 같은 벌레(虫)도 바람이 불지를 아니
- 나무에 붙어 사는 벌레들은 바람이 불지를 알고, 구멍에 사는 것들은 비가 올지를 안다고 합니다.

바람 풍

丿 几 凡 凡 凨 凨 風 風 風

風

부수 결합하여 한자 만들기

木	+	風	=	楓
나무 목		바람 풍		단풍 풍

나무(木)의 잎이 바람(風)에 단풍드니
(나무의 잎이 찬바람에 색이 변하여 단풍든다는 뜻입니다.)

보기   고을, 닭, 술, 분별하니, 마을, 쇠, 금, 긴, 어른, 문, 언덕, 이르러 잡으니, 새

161   邑(阝)   *울타리(口)를 치고 땅(巴)에서 사람들이 모여 사는 ( )

162   酉   *하나(一)같이 울타리(口)로 걸어(儿)와 막대기(一)에 앉아 있는 ( )
           *해가 서쪽(西)으로 지고 어두워지면 한(一)잔 마시는 ( )

163   釆   *끈(丿)을 쳐 쌀(米)을 ( )

164   里   *해(日)가 잘 비치고 땅(土)이 좋은 ( )

165   金   *사람(人)들이 방패(干)를 들고 나뉘어(ﾉﾉ) 하나(一) 같이 지키는 귀한
           ( )나 ( )

166   長(镸)   *( ) 머리를 나부끼고 서 있는 ( )의 모양

167   門   *문짝이 두 개인 ( )의 모양

168   阜(㠯)
         (阝)   *계단처럼 층층이 진 ( )의 모양

169   隶   *손(彐)이 물(氺)에 ( )

170   隹   *사람(亻)의 머리(一) 위에서 나는(主) ( )

( )안에 보기에서 정답을 찾아 쓰세요.

| 171 | 雨 | *하늘(一)을 덮은(冖) 구름에서 내리는 물(氺)방울이 (   )라는 뜻 |

| 172 | 靑 | *봄에 싹이 나면(土) 땅이 붉은(丹) 빛에서 (   )빛으로 변하니 |

| 173 | 非 | *새의 두 날개가 엇갈려 있는 모양으로 어긋나다, (   ) 라는 뜻이 됨 |

| 174 | 面 | *수염(而)이 있는 (   ) 모양 |

| 175 | 革 | *귀가 달린 머리(廿) 부분, 몸통(口), 벌려 놓은 뒷발(一), 꼬리(丨)의 털을 뽑은 (   )의 모양 |

| 176 | 韋 | *부드러운 (   )으로 된 옷을 입으니 능력이 (   )는 뜻 |

| 177 | 音 | *서(효) 말(曰)하여 (   ) 지르니 |

| 178 | 頁 | *이마(一) 코(自) 수염(八) 난 (   )의 모양 |

| 179 | 首 | *(   )의 모양 |

| 180 | 風 | *책상(几)의 점(丶) 같은 벌레(虫)도 (   )이 불지를 아니 |

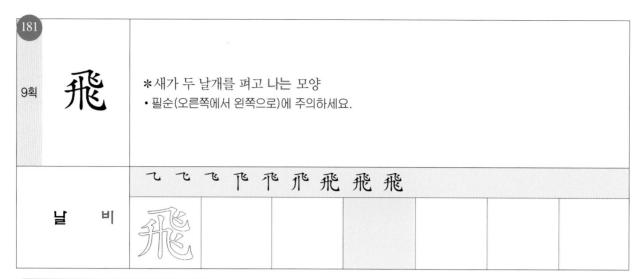

181		
9획	飛	*새가 두 날개를 펴고 나는 모양 • 필순(오른쪽에서 왼쪽으로)에 주의하세요.

		㇠ ㇟ ㇟ ㇟ ㇟ 飛 飛 飛 飛						
날 비	飛							

부수 결합하여 한자 만들기

番 + 飛 = 飜
차례 번   날 비   날 번

차례(番)로 나니(飛)

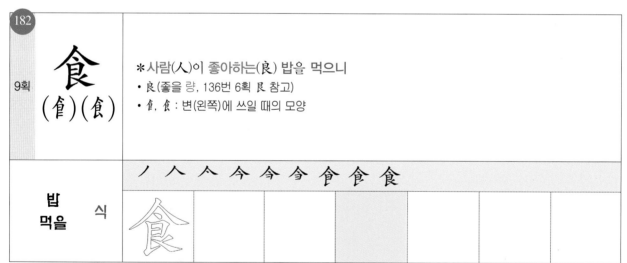

182		
9획	食 (飠)(飠)	*사람(人)이 좋아하는(良) 밥을 먹으니 • 良(좋을 량, 136번 6획 艮 참고) • 飠, 飠 : 변(왼쪽)에 쓰일 때의 모양

		㇒ ㇏ ㅅ 今 今 今 食 食 食						
밥 먹을 식	食							

부수 결합하여 한자 만들기

羊 + 食 = 養
양 양   밥 식   기를 양

양(羊)을 밥(食) 먹여 기르니

飠 + 欠 = 飲
먹을 식   입 벌릴 흠   마실 음

먹을(飠) 것을 입 벌려(欠) 마시니

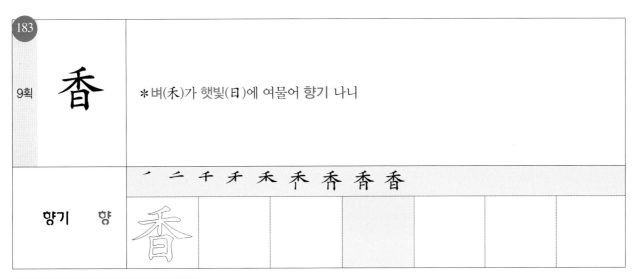

183	香	*벼(禾)가 햇빛(日)에 여물어 **향기** 나니					
9획		´ 二 千 禾 禾 禾 香 香 香					
향기 향		香					

부수 결합하여 한자 만들기

香 + 非 = 馡
향기 향   아닐 비   향기로울 비

향기(香)가 진하지 않게(非) 은은히 향기로우니

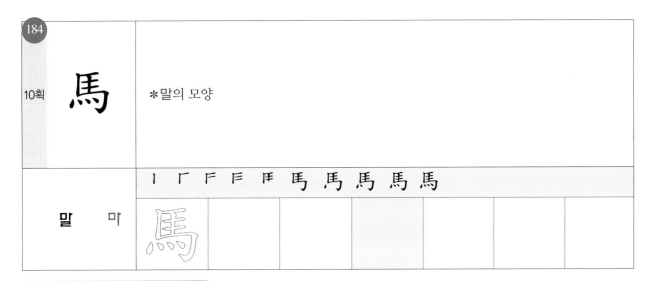

184	馬	*말의 모양					
10획		丨 厂 厂 厓 馬 馬 馬 馬 馬					
말 마		馬					

부수 결합하여 한자 만들기

馬 + 主 = 駐
말 마   주인 주   머무를 주

말(馬)을 주인(主)에게 맡기고 머무르니

馬 + 飛 = 驒
말 마   날 비   빠른 말 비

말(馬) 중에서 날(飛) 듯 달리는 빠른 말

163

185		
10획	骨	*살(月)이 없이 뼈만 남은 모양

ˋ ㅁ ㅁ ㅁ 咼 咼 骨 骨 骨 骨

뼈 골	骨						

부수 결합하여 한자 만들기 ....

骨	+	豊	=	體
뼈 골		풍성할 풍		몸 체

뼈(骨)로 풍성하게(豊) 이루어진 몸

186		
10획	高 (髙)(高)	*지붕(亠) 창(口) 몸체(冂) 어귀(口)가 있는 높은 누각의 모양

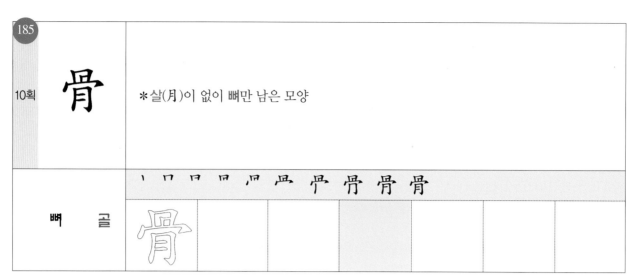

ˋ 亠 亠 亠 古 古 古 高 高 高 高

높을 고	高						

부수 결합하여 한자 만들기 ....

髙	+	子	=	享
높을 고		아들 자		누릴 향

높은(髙) 지위에 오른 아들(子)이 평안을 누리니

髙	+	丁	=	亭
높을 고		장정 정		정자 정

경치가 좋은 높은(髙) 곳에 장정(丁)이 만든 정자

187	髟	*긴(镸) 터럭(彡)						
10획								
		⌐ 「 Ϝ F 圧 镸 镸 镸' 髟 髟						
긴 터럭 표		髟						

부수 결합하여 한자 만들기

髟 + 方 = 髣
긴 터럭 표   사방 방   비슷할 방

긴 터럭(髟)이 사방(方)으로 비슷하게 날리니

188	鬥	*두 사람이 주먹을 쥐고 마주서서 **싸우는** 모양 • 송곳(丨) 왕(王)과 다른 왕(王)인 갈고리(亅)가 싸운다. 로 알아두세요.					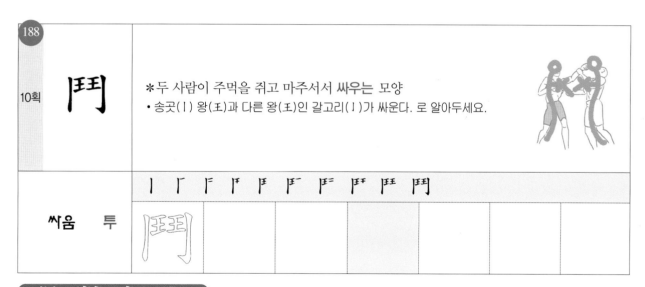	
10획								
		丨 ⎾ F F F F F F F F 鬥						
싸움 투		鬥						

부수 결합하여 한자 만들기

鬥 + 豆 + 寸 = 鬪
싸움 투   제기 두   규칙 촌   싸울 투

싸움(鬥)을 제기(豆)의 음식이 규칙(寸)에 맞지 않는다고
싸우니

189		
10획	鬲	*발이 셋인 솥 모양 • 솥 : 밥을 짓거나 국 따위를 끓이는 그릇 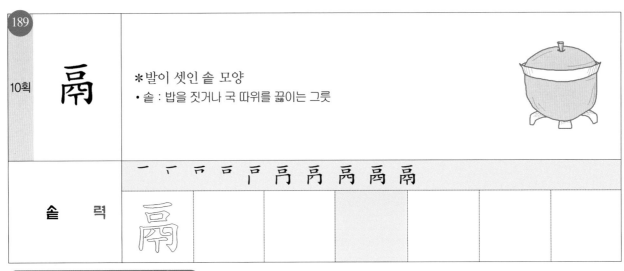

	一 ㄱ ㅜ ㅜ 戶 鬲 鬲 鬲 鬲 鬲						
솥 력	鬲						

부수 결합하여 한자 만들기

鬲	+	甫	=	䰞
솥 력		클 보		가마솥 부

솥(鬲) 중에서 큰(甫) 것은 가마솥이라는 뜻입니다.
(가마솥 : 아주 크고 우묵한 솥)

190		
10획	鬼	*삐쳐(ノ) 밭(田)을 걸어(儿) 다니는 사사로운(厶) 귀신

	´ ㄱ 冂 白 甶 甶 甶 鬼 鬼 鬼						
귀신 귀	鬼						

부수 결합하여 한자 만들기

忄	+	鬼	=	愧
마음 심		귀신 귀		부끄러울 괴

마음(忄)을 귀신(鬼)처럼 알아차리니 부끄럽다는 뜻입니다.
(속마음을 상대방에게 들켜 부끄럽다는 뜻입니다.)

191		
11획	魚	*싸(夕) 밭(田)에서 불(灬)에 구워 먹는 물고기의 모양

	ノ ⺈ ⺈ ⺈ 鱼 鱼 魚 魚 魚 魚 魚

부수 결합하여 한자 만들기

氵 물 수	+	魚 물고기 어	=	漁 고기잡을 어	물(氵)에서 물고기(魚)를 잡으니
魚 물고기 어	+	秋 가을 추	=	鰍 미꾸라지 추	물고기(魚) 중에서 가을(秋)에 먹어야 맛과 영양이 좋다는 미꾸라지를 뜻합니다.
魚 물고기 어	+	烏 검을 오	=	鰞 오징어 오	물고기(魚) 중에서 검은(烏) 먹물을 쏘는 오징어라는 뜻입니다.

192		
11획	鳥	*꽁지가 긴 새의 모양

새 조	ノ ⺁ ⺁ ⺁ 户 自 鸟 鳥 鳥 鳥 鳥

부수 결합하여 한자 만들기

口 입 구	+	鳥 새 조	=	鳴 울 명	입(口)으로 새(鳥)가 우니
甲 첫째 갑	+	鳥 새 조	=	鴨 오리 압	건강에 첫째(甲)가는 새(鳥)는 오리라는 뜻입니다.

193 11획	鹿 (鹿)	*뿔, 머리, 네 발을 본뜬 **사슴**의 모양

	` ` 广 户 户 庐 庐 庐 鹿 鹿 鹿						
사슴 록	鹿						

부수 결합하여 한자 만들기

鹿(사슴 록) + 其(그 기) = 麒(기린 기)

사슴(鹿)과 비슷하게 생긴 그(其)것은 기린이니

鹿(사슴 록) + 一(한 일) + 心(마음 심) + 夊(천천히 걸을 쇠) = 慶(경사 경)

사슴(鹿) 한(一) 마리를 갖고 축하하는 마음(心)으로 천천히 걸어서(夊) 경사에 참석하니

194 11획	麻	*큰 집(广)에서 숲(林)처럼 무성하게 기르는 **삼** • 집에서 삼베를 짜려고 삼을 기릅니다. 삼밭이 숲 같다는 뜻입니다. • 삼 : 긴 섬유가 채취되는 식물로 껍질은 섬유의 원료로 사용합니다. • 삼으로 짠 천을 삼베 또는 대마포라고 합니다.	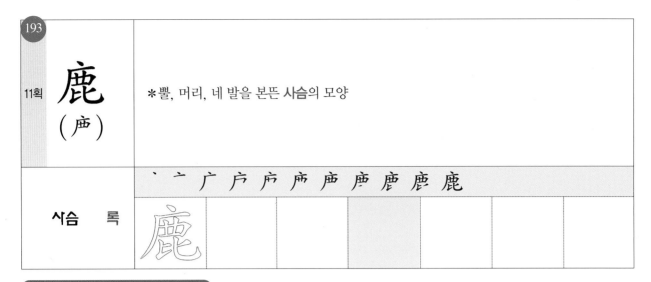

	` ` 广 广 庁 庄 床 床 麻 麻 麻						
삼 마	麻						

부수 결합하여 한자 만들기

麻(삼 마) + 石(돌 석) = 磨(갈 마)

삼(麻)을 부드럽게 하려고 돌(石)에 가니

168

195												
12획	黃	＊풀(艹)이 하나(一)같이 일(一) 년이 지남으로 말미암아(由) 팔(八)방이 **누렇다.** • 풀은 일년생으로 봄에 푸르게 나서 가을에 서리를 맞으면 누렇게 말라 죽습니다.										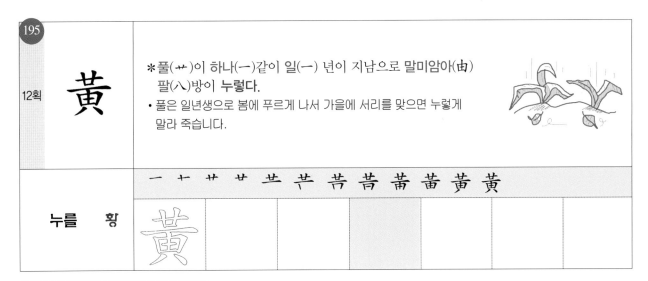

	一 十 卝 艹 卋 芇 苩 苩 苗 苗 黃 黃					
누를 황	黃					

부수 결합하여 한자 만들기

广 + 黃 = 廣
큰 집 엄 　 누를 황 　 넓을 광

큰 집(广)을 지을 수 있을 정도로 누런(黃) 땅이 넓으니

196		
12획	黑	＊울타리(口)가 팔(丷)방으로 땅(土)에서 불(灬)을 때니 그을려 **검다.** • 울타리가 연기에 그을려 검다는 뜻입니다.

	丶 冂 冂 冊 冊 里 里 黒 黒 黑 黑					
검을 흑	黑					

부수 결합하여 한자 만들기

黑 + 土 = 墨
검을 흑 　 흙 토 　 먹 묵

검은(黑) 흙(土)으로 만든 먹

197 14획	鼻	*코(自)로 밭(田)에서 난 곡식을 두 손으로 잡고(廾) 냄새 맡으니 • 자(自) 전(田) 공(廾)으로 기억하세요.

	´ ⺊ ⺆ ⺆ 自 自 自 鼻 鼻 鼻 畠 畠 鼻 鼻
코 비	鼻

 **부수 결합하여 한자 만들기** •

鼻	+	干	=	鼾
코 비		방패 간		코골 한

코(鼻)를 방패(干)로 막고 싶을 정도로 코고니

---

198 14획	齊	*곡식의 이삭이 **가지런**하게 패어 있는 모양

	´ ⺀ ⺊ 亠 亠 产 产 产 产 齐 齐 齊 齊 齊
가지런할 제	齊

  **부수 결합하여 한자 만들기** •

氵	+	齊	=	濟
물 수		가지런할 제		건널 제

물(氵)결이 가지런하여(齊) 잔잔할 때 건너니

199 15획	齒	*그쳐(止) 있는 윗니(ㅅㅅ)와 혀(一) 아랫니(ㅅㅅ)가 입(凵) 안에 나 있는 이의 모양	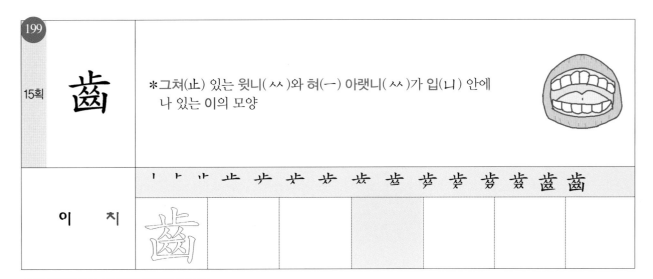
이 치		ㅣ ㅏ ㅕ 止 步 步 步 齿 齿 齿 齿 齿 齒 齒	
	齒		

부수 결합하여 한자 만들기

齒 + 交 = 齩
이 치   서로 교   깨물 교

이(齒)를 서로(交) 부딪쳐 깨무니

200 16획	龍	*서(立) 있는 몸(月)이 용과 같으니
용 룡		ㅣ ㅗ ㅗ 立 立 产 育 育 育 育 背 背 龍 龍 龍 龍
	龍	

부수 결합하여 한자 만들기

龍 + 耳 = 聾
용 룡   귀 이   귀머거리 롱

용(龍) 쓰고 귀(耳)로 들으려 해도 들을 수 없는 귀머거리

171

( )안에 보기에서 정답을 찾아 쓰세요.

| 181 | 飛 | *새가 두 날개를 펴고 ( ) 모양 |

| 182 | 食 (飠) (食) | *사람(人)이 좋아하는(良) ( )을 ( ) |

| 183 | 香 | *벼(禾)가 햇빛(日)에 여물어 ( ) 나니 |

| 184 | 馬 | *( )의 모양 |

| 185 | 骨 | *살(月)이 없이 ( )만 남은 모양 |

| 186 | 高 (髙) (亯) | *지붕(亠) 창(口) 몸체(冂) 어귀(口)가 있는 ( ) 누각의 모양 |

| 187 | 髟 | *( )(镸) ( )(彡) |

| 188 | 鬥 | *두 사람이 주먹을 쥐고 마주서서 ( ) 모양 |

| 189 | 鬲 | *발이 셋인 ( ) 모양 |

| 190 | 鬼 | *삐쳐(丿) 밭(田)을 걸어(儿) 다니는 사사로운(厶) ( ) |

172

(   )안에 보기에서 정답을 찾아 쓰세요.

보기 물고기, 새, 사슴, 삼, 누렇다, 검다, 코, 가지런하게, 이, 용

| 191 | 魚 | *싸(ク) 밭(田)에서 불(灬)에 구워 먹는 (   )의 모양 |

| 192 | 鳥 | *꽁지가 긴 (   )의 모양 |

| 193 | 鹿(庶) | *뿔, 머리, 네 발을 본뜬 (   )의 모양 |

| 194 | 麻 | *큰 집(广)에서 숲(林)처럼 무성하게 기르는 (   ) |

| 195 | 黃 | *풀(艹)이 하나(一)같이 일(一) 년이 지남으로 말미암아(由) 팔(八)방이 (   ). |

| 196 | 黑 | *울타리(口)가 팔(丷)방으로 땅(土)에서 불(灬)을 때니 그을려 (   ). |

| 197 | 鼻 | *(   )(自)로 밭(田)에서 난 곡식을 두 손으로 잡고(廾) 냄새 맡으니 |

| 198 | 齊 | *곡식의 이삭이 (   ) 패어 있는 모양 |

| 199 | 齒 | *그쳐(止) 있는 윗니(人人)와 혀(一) 아랫니(人人)가 입(凵) 안에 나 있는 (   )의 모양 |

| 200 | 龍 | *서(立) 있는 몸(月)이 (   )과 같으니 |

173

者 (사람 자)	+		=	都 (도읍 도)	사람(者)들이 많이 모여 사는 고을(阝)이 도읍이니
		予 (줄 여)	=	野 (들 야)	마을(里)에 많은 이로움을 주는(予) 들 (들 : 논이나 밭으로 되어 있는 넓은 땅)
		同 (같을 동)	=	銅 (구리 동)	금(金)과 색깔이 같은(同) 구리 (금과 구리는 색깔이 같아 구별하기가 어렵죠?)
	+	一 (한 일) + 廾 (두손잡을공)	=	開 (열 개)	문(門) 하나(一)를 두 손으로 잡고(廾) 여니
	+	方 (사방 방)	=	防 (막을 방)	언덕(阝)에서 사방(方)으로 쳐들어오는 적을 막으니
	+	木 (나무 목)	=	集 (모일 집)	새(隹)가 나무(木) 위로 모이니
	+	彐 (또 우)	=	雪 (눈 설)	날씨가 추워져 비(雨)가 또(彐) 변하여 눈이 되니
日 (해 일)	+		=	晴 (갤 청)	해(日)가 다시 나오고 하늘이 푸르게(靑) 날이 개니 (비가 내리던 하늘이 해가 다시 나오고 푸르게 날이 개었다는 뜻입니다.)
	+	心 (마음 심)	=	悲 (슬플 비)	일이 뜻대로 아니(非) 된다고 마음(心)으로 슬퍼하니
木 (나무 목)	+		=	楓 (단풍 풍)	나무(木)의 잎이 바람(風)에 단풍드니 (나무의 잎이 찬바람에 색이 변하여 단풍든다는 뜻입니다.)

174

다음 빈칸에 알맞은 **부수**를 넣어 **한자**를 완성하세요.

羊 양 양	+	=	養 기를 양

양(羊)을 밥(食) 먹여 기르니

	+ 主 주인 주	=	駐 머무를 주

말(馬)을 주인(主)에게 맡기고 머무르니

	+ 豊 풍성할 풍	=	體 몸 체

뼈(骨)로 풍성하게(豊) 이루어진 몸

忄 마음 심	+	=	愧 부끄러울 괴

마음(忄)을 귀신(鬼)처럼 알아차리니 부끄럽다는 뜻입니다.
(속마음을 상대방에게 들켜 부끄럽다는 뜻입니다.)

氵 물 수	+	=	漁 고기잡을 어

물(氵)에서 물고기(魚)를 잡으니

口 입 구	+	=	鳴 울 명

입(口)으로 새(鳥)가 우니

	+ 石 돌 석	=	磨 갈 마

삼(麻)을 부드럽게 하려고 돌(石)에 가니

	+ 土 흙 토	=	墨 먹 묵

검은(黑) 흙(土)으로 만든 먹

	+ 干 방패 간	=	鼾 코골 한

코(鼻)를 방패(干)로 막고 싶을 정도로 코고니

	+ 耳 귀 이	=	聾 귀머거리 롱

용(龍) 쓰고 귀(耳)로 들으려 해도 들을 수 없는 귀머거리

175

다음 한자의 뜻과 음을 쓰세요.

邑(阝)　酉　釆　里　金　長(镸)　門

阜(阜)(阝)　隶　佳　　　雨　青　非

面　革　　　　　韋　音

頁　　　　　　　首

風　　　161-200번　飛
　　　형성평가

食(飠)(食)　　　香

馬　骨　　　高(髙)(高)　髟

鬪　鬲　鬼　魚　鳥　鹿(鹿)

麻　黃　黑　鼻　齊　齒　龍

176

다음 뜻과 음을 지닌 한자를 쓰세요.

고을 읍	술 유	분별할 변	마을 리	쇠 금	길 장	문 문
언덕 부	미칠 이	새 추		비 우	푸를 청	아닐 비
얼굴 면	가죽 혁				가죽 위	소리 음
우두머리 혈						머리 수
바람 풍						날 비
밥 식						향기 향
말 마	뼈 골				높을 고	긴 터럭 표
싸움 투	솥 력	귀신 귀		물고기 어	새 조	사슴 록
삼 마	누를 황	검을 흑	코 비	가지런할 제	이 치	용 룡

161-200번
형성평가

종합평가

다음 한자의 뜻과 음을 쓰세요.

一　丨　丶　丿　乙(乚)(𠃌)　亅　二

亠　人(亻)(𠆢)　儿　　入　八(丷)　冂

冖　冫　　　　　几　凵

刀(刂)　　　　　　　　　　　力

勹(勹)　　　　　　　　　　　匕

匸(乚)　　　　　　　　　　　十

卜　卩(㔾)　　　　　　厂　厶

又(𠂇)(又)　囗　口　　　土　士　夕

夂　大　女　子　宀　寸　小

1-40번
형성평가

다음 뜻과 음을 지닌 **한자**를 쓰세요.

하늘 일	뚫을 곤	점 주	끈 별	구부릴 을	갈고리 궐	하늘땅 이

머리 두	사람 인	걷는 사람 인		들 입	나눌 팔	성 경

덮을 멱	얼음 빙		책상 궤	입 벌릴 감

칼 도	힘 력

1-40번
형성평가

쌀 포	구부릴 비

상자 방	열 십

점칠 복	무릎 꿇을 절	바위 엄	사사로울 사

손 우	입 구	울타리 위	흙 토	선비 사	저녁 석

뒤져 올 치	큰 대	여자 녀	아들 자	집 면	마디 촌	작을 소

다음 한자의 뜻과 음을 쓰세요.

尢	尸	少	山	川 (巛)	工	己
巾	干	幺		广	廴	卄
戈	弓			彑 (ヨ)	彡	
彳						心 (忄)(㣺)
戈			41-80번 형성평가			戶 (尸)
手 (扌)						支
攵 (攴)	文				斗	斤
方	旡 (无)	日		曰	月	木
欠	止 (止)	歹	殳	毋	比	毛

182

다음 뜻과 음을 지닌 **한자**를 쓰세요.

절름발이 왕	지붕 시	싹 날 철	산 산	내 천	만들 공	몸 기
헝겊 건	방패 간	작을 요		큰 집 엄	끌 인	스물 입
주살 익	활 궁				돼지 계	터럭 삼
걸을 척						마음 심
창 과						집 호
손 수						가를 지
칠 복	글월 문				말 두	도끼 근
사방 방	없을 무	해 일		말할 왈	달 월	나무 목
입 벌릴 흠	그칠 지	죽을 사 변	창 수	말 무	나란할 비	털 모

41-80번
형성평가

183

다음 한자의 뜻과 음을 쓰세요.

氏 (氐)(氏)　气　水 (氺)(氵)　火 (灬)　爫 (爪)　父　爻

爿 (丬)　片 (爿)　牙　　　　牛 (牜)(牜)　犬 (犭)　玄

玉 (王)　瓜　　　　　　　　　　瓦　甘

生 (甠)　　　　　　　　　　　　用

田　　　　　　　　　81-120번　　　　足 (疋)
　　　　　　　　　　형성평가

疒　　　　　　　　　　　　　　癶

白　皮　　　　　　　　　　皿　目

矛 (マ)　矢　石　　　　示 (礻)　凵　禾

穴　立　竹 (⺮)　米　糸 (糹)　缶　四 (罒)(罓)

다음 뜻과 음을 지닌 **한자**를 쓰세요.

뿌리 씨	기운 기	물 수	불 화	손톱 조	아비 부	사귈 효
조각 장	조각 편	어금니 아		소 우	개 견	검을 현
구슬 옥	오이 과				기와 와	달 감
날 생						쓸 용
밭 전						발 소
병질 엄						걸을 발
흰 백	가죽 피				그릇 명	눈 목
창 모	화살 시	돌 석		보일 시	짐승 유	벼 화
구멍 혈	설 립	대 죽	쌀 미	실 사	장군 부	그물 망

81-120번
형성평가

185

다음 한자의 뜻과 음을 쓰세요.

羊(⺷)　羽　老(耂)　而　未　耳　聿(⺻)

肉(⺼)　臣　自　　　至　臼(⺽)　舌

舛　舟　　　　　　　艮　色

艹(⺿)(⺾)　　　　　　　　虎

虫　　　121-160번 형성평가　　　血

行　　　　　　　　　　衣(⻂)

襾(西)　見　　　　　　角　言

谷　豆　豕　　　豸　貝　赤

走　足(⻊)　身　車(⻋)　辛　辰　辶(辵)

186

다음 뜻과 음을 지닌 **한자**를 쓰세요.

양 양	깃 우	늙을 로	말 이을 이	쟁기 뢰	귀 이	붓 율

고기 육(몸 월)	신하 신	코 자	이를 지	절구 구	혀 설

어긋날 천	배 주	그칠 간	빛 색

121-160번 형성평가

풀 초	범 호

벌레 충	피 혈

다닐 행	옷 의

덮을 아	볼 견	뿔 각	말씀 언

골짜기 곡	콩 두	돼지 시	사나운 짐승 치	돈 패	붉을 적

달릴 주	발 족	몸 신	수레 거	고생 신	별 진	뛸 착

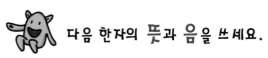

邑(⻏)　酉　釆　里　金　長(镸)　門

阜(⻖)(⻏)　隷　隹　　　雨　青　非

面　革　　　　　韋　音

頁　　　　　　　　首

風　　　　161-200번　　　飛
　　　　　형성평가

食(⻟)(飠)　　　　　　　香

馬　骨　　　　　高(髙)(髙)　髟

鬥　鬲　鬼　　　魚　鳥　鹿(⿅)

麻　黃　黑　鼻　齊　齒　龍

188

다음 뜻과 음을 지닌 **한자**를 쓰세요.

고을 읍	술 유	분별할 변	마을 리	쇠 금	길 장	문 문
언덕 부	미칠 이	새 추		비 우	푸를 청	아닐 비
얼굴 면	가죽 혁				가죽 위	소리 음

우두머리 혈

161-200번
형성평가

머리 수

바람 풍

날 비

밥 식

향기 향

말 마	뼈 골				높을 고	긴 터럭 표
싸움 투	솥 력	귀신 귀		물고기 어	새 조	사슴 록
삼 마	누를 황	검을 흑	코 비	가지런할 제	이 치	용 룡

189

[2016 베스트 브랜드 대상] 중앙에듀북스 - 마법 술술한자

부수 새롭게 정리하고 그림 곁들여… 평가 다양하게 수록

중앙에듀북스 '마법 술술한자'

　중앙에듀북스의 '마법 술술한자' 시리즈(전9권)는 한국어문회가 주관하는 한자능력검정시험(8~3급) 합격을 위한 참신하고 획기적인 한자 학습서다. 누구나 한자가 형성된 원리를 이해하며 제대로 배울 수 있도록 초등학생 수준에 맞추어 자원을 쉽게 풀이하였다.

　또 학교 교과서에 자주 나오는 한자어를 선별하여 그 뜻을 한자를 통해 쉽게 알 수 있도록 직역으로 풀이하였다. 특히 한자능력검정시험 8급과 7급은 가지고 다니면서 유용하게 활용할 수 있는 한자카드도 수록하였다.

　이 시리즈의 핵심은 1권인 '부수'이다. 이 책은 모양이 비슷한 부수는 통합하고, 잘 쓰이지 않는 부수는 제외하여 기존 214자를 200자로 새로 정리했으며, 그림을 곁들여 알기 쉽게 풀이했다.

　2권부터 9권까지는 한자능력검정시험 8~3급으로 구성되어 있다. 한자를 나누어 형성 원리를 이해한 후 자원을 보며 한자를 쓸 수 있도록 바로 아래에 빈칸을 두었다. 또 예문을 통하여 한자어의 활용을 익힐 수 있도록 구성하였으며, 지속적인 반복과 실력을 확인할 수 있도록 형성평가, 종합평가 등 다양한 평가를 구성하였다.

　중앙에듀북스 관계자는 "이 시리즈의 저자는 한학자 집안에서 태어나 어려서부터 부친께 한학을 배웠고, 가업을 잇는다는 정신으로 한문교육과를 나와 학생들을 가르치고 있다"면서 "한자 때문에 울고 있는 여학생을 보고, 한학을 배우면서 힘들었던 자신의 어린 시절이 생각나 어떻게 하면 어려운 한자를 쉽고 재미있게 가르칠 수 있을까를 연구하여 집필했기 때문에 이 시리즈가 독자들에게 뜨거운 호응을 얻고 있다"고 말했다.

－ 서울신문

초등학생과 중학생을 위한
초등 학습 한자 시리즈!

- 초등학교의 모든 교과서를 분석하고, 또 일상생활에서 자주 사용하는 한자어를 선별하여 초등학생이

  기본적으로 꼭 알아야 할 학습 한자를 난이도에 따라 선정하였습니다.

- 6권은 중학교의 전문화된 교과서를 학습하기 위하여 필요한 한자를 선정하였습니다.

- 부수를 결합하여 한자가 만들어진 원리를 이해하며 쉽게 익힐 수 있습니다.

- 쉬운 한자풀이와 풍부한 해설 및 다양한 확인학습으로 개별 학습이 용이하여 선생님이 편합니다.

▼ 화제의 신간!

박두수 지음

송진섭 · 이병호 · 강혜정 선생님 추천

마법 술술한자 ① (새 뜻과 새 모양 부수) 〈최신 개정판〉

초판 1쇄 발행 | 2013년 6월 29일
초판 3쇄 발행 | 2015년 4월 10일
개정초판 1쇄 발행 | 2017년 1월 25일
개정초판 3쇄 발행 | 2021년 1월 15일

지은이 | 박두수(DuSu Park)
펴낸이 | 최점옥(JeomOg Choi)
펴낸곳 | 중앙에듀북스(Joongang Edubooks Publishing Co.)

대   표 | 김용주
책 임 편 집 | 박두수
본문디자인 | 박근영

출력 | 케이피알 종이 | 에이엔페이퍼 인쇄 | 케이피알 제본 | 은정제책사

잘못된 책은 구입한 서점에서 교환해드립니다.
가격은 표지 뒷면에 있습니다.
ISBN 978-89-94465-38-8(03700)

등록 | 2008년 10월 2일 제2-4993호
주소 | ㉾04590 서울시 중구 다산로20길 5(신당4동 340-128) 중앙빌딩
전화 | (02)2253-4463(代) 팩스 | (02)2253-7988
홈페이지 | www.japub.co.kr 블로그 | http://blog.naver.com/japub
페이스북 | https://www.facebook.com/japub.co.kr 이메일 | japub@naver.com
♣ 중앙에듀북스는 중앙경제평론사 · 중앙생활사와 자매회사입니다.

도서
주문
www.japub.co.kr
전화주문 :02) 2253 - 4463

※ 이 도서의 국립중앙도서관 출판시도서목록(CIP)은 서지정보유통지원시스템 홈페이지(http://seoji.nl.go.kr)와
국가자료공동목록시스템(http://www.nl.go.kr/kolisnet)에서 이용하실 수 있습니다.(CIP제어번호: CIP2017001080)

중앙에듀북스에서는 여러분의 소중한 원고를 기다리고 있습니다. 원고 투고는 이메일을 이용해주세요.
최선을 다해 독자들에게 사랑받는 양서로 만들어드리겠습니다. 이메일 | japub@naver.com